KB264300

모바일 세상을 삼키다

모바일 세상을 삼키다

모바일 레볼루션 – 미디어의 새로운 변신

유진평, 손재권, 이승훈, 최광, 홍장원 지음

매일경제신문사

4,617,357,378(46억 1,735만 7,378).

인터넷이 탄생한 지 불혹(不惑, 40세)을 맞은 2009년 10월 29일. 이 날 저녁 7시 31분(미국시간) 뉴욕증권거래소(NYSE) 벽면 디지털 현수막에 뜬 숫자다. 이 숫자는 그 시각 인터넷에 연결된 전 세계 디바이스(PC, 휴대폰 등 단말기)의 개수를 나타낸다. 당시 46억이었으니 이젠 50억은 족히 넘을 것이다.

이 현수막은 미국 신흥 인터넷장비 업체인 주니퍼네트웍스가 나스닥에서 NYSE로 옮기면서 이를 기념해 걸었다. 필자는 초시계 뒷자리처럼 정신없이 바뀌는 1,000만 단위 이하 숫자를 보고 현기증과 함께, 네트워크를 지배하는 사업자가 지구촌 단말기를 다 통제하는 세상이 눈앞에 다가왔다는 섬뜩함을 느꼈다.

가령, 인천 송도에 미래 도시 모델을 구축하고 있는 세계 최대 인터넷장비 솔루션 기업인 시스코는 본사가 있는 실리콘밸리 샌호제이에서 전 세계 콘텐츠 흐름을 파악할 수 있는 역량을 갖추고 있다.

인터넷TV(IPTV) 등장과 신문·방송 구조개편, 모바일·포털 무한경쟁 등이 맞물려 한국 IT·미디어 시장이 거센 미디어 혁명의 소용돌이에 휩싸이고 있다. 정부와 국영방송사가 전하는 일방적인 정보를 들어야 했던 '흑백 스크린 공화국'에서 미디어는 거대한 권력이었다. 여전히 미디어는 권력이라는 등식이 유력하게 작용하는 사례들이 많지만, 이제 세상은 기존 '톱-다운' 프로세스에서 '바텀-업' 프로세스로 빠르게 변하고 있다.

사용자들이 자신의 지식을 '개방'하고 '공유'하며, 국경을 초월해 '참여'하면서 1인 미디어의 주창자로 다투어 나서고 있다. 미디어란 개념도 자연히 바뀌고 있다.

시스코를 15년간 이끈 존 체임버스 회장은 "미디어는 비디오(동영상)"라고 규정하고 "음성이나 텍스트보다는 동영상으로서의 미디어가 세계인이 가장 쉽게 소통할 수 있는 수단이 될 것"이라고 강조한다. 미래의 인터넷은 하나의 플랫폼이자 '미디어넷'이라는 화두를 던지기도 했다. 시장의 눈으로 미디어를 본 것이다.

케빈 존슨 주니퍼 CEO는 "하나의 데이터센터로 모든 단말기를 통제하는 스마트 네트워크 싸움이 시작됐다"며 "10년 후엔 3스크린(휴대폰, PC, TV)이 1스크린이 될 것"이라고 예견했다. 휴대폰이 PC·TV 구실도 하고, PC가 휴대폰·TV구실을 하며, TV가 휴대폰·PC 구실도 한다는 얘기다.

이제 인터넷과 모바일을 빼놓고 미디어의 미래를 논하기는 어려워졌다. 애플은 아이튠스라는 음원사업에다 응용프로그램 장터인 앱스토어를 결합해 아이팟터치를 서비스한 뒤 여기에 전화통화 기능을 넣어 아이폰을 만들었다. 아이팟터치와 아이폰의 디자인은 똑같다. 불과 2009년 말 아이폰이 한국 시장에 도입됐을 뿐인데, 세계를 호령하던 국내 휴대폰 제조업체들이 크게 충격을 받고 있으며, IT 생태계가 들썩이고 있다. 덩달아 트위터, 페이스북 등 외산 서비스가 한국에서 '사용자 경험'을 싹쓸이할 태세다.

비단 국내뿐만이 아니다. 모바일 어플리케이션(응용프로그램)이 만드는 새로운 경제 구도는 '앱 이코노미(The App Economy)'라는 신조어를 만들며 달러 결제를 기반으로 세계인을 하나로 묶고 있다. 언제 어디서나 모든 기기로 다양한 콘텐츠를 주고받을 수 있는 웹톱(Web-top) 세상에서 단일 매체로서의 미디어는 의미를 잃고 있다.

"사용자들은 첫째 보고(어떤 기기로든), 둘째 배우고(정보 검색), 셋째 놀고(게임), 넷째 연결하고(인맥 친교 메시지), 다섯째 모으고(소액

결제), 여섯째 만들어낼(UGC) 수 있다."

《구글드》(켄 올레타 지음)란 책에서 알비 헥트가 지적한 말이다. 전문가들은 미디어가 사용자에서 기존 제공자에게로 흐르는 정보의 역류 시대에는 사용자 경험을 장악한 자가 승리할 것으로 보고 있다. 사업자들은 눈높이가 높아진 '지식 전사'들을 어떤 고급 정보로 만족시킬 것인가, 또한 동시에 직관적이고 즉자적인 사용자들의 모바일 DNA를 어떻게 만족시킬 것인가 머리를 싸매게 됐다.

지난 1980년대 뉴에이지 운동가인 메릴린 퍼거슨이 《물병자리시대의 공모(The Aquarian Conspiracy)》에서 꿈꾸던 '인류를 하나로 묶는 사회'가 첨단 IT미디어를 통해 구현될 것 같은 생각이 든다.

비즈니스 영역 구분도 의미를 잃고 있다. TV, PC, 휴대폰에 이은 4번째 스크린(the fourth screen)이 제자리를 잡아갈 준비를 하고 있다. 애플이 아이패드를 출시해 기존 e북과 넷북의 아성을 흔들면서 그동안 틈새에서 머뭇거리던 4번째 스크린 시장이 영역을 넓힐 것이란 분석이 많이 나온다. 구글과 애플이 TV 시장까지 진출하고, 모바일에서 구현되는 방송이 미디어 시장의 한 축을 차지할 경우 시대 구분을 뜻하는 '미디어3.0'은 인터넷3.0, 모바일3.0과 동일한 의미를 갖게 될 것 같다.

Contents

Mobile Media

PART
2

한국 미디어는 어떻게 주도권을 잃었나

Mobile Media

Mobile Media

PART 1

글로벌 트라이버전스
혁명이 가져온
미디어 변동

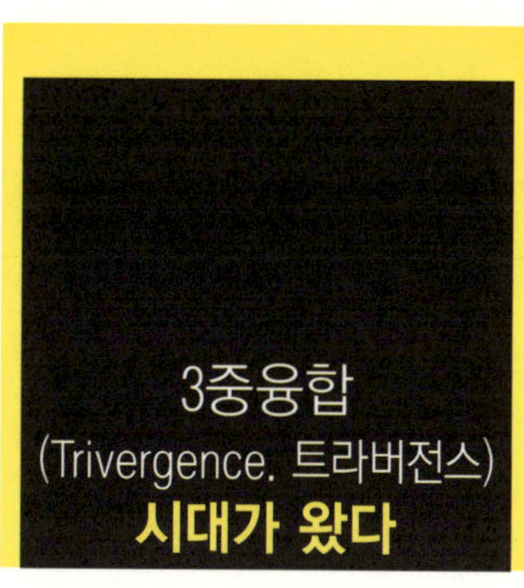

"우리는 음악과 영화를 직접 만듭니다. 기기의 품질도 뛰어나 애플 제품처럼 10분마다 다운되지 않습니다. 우리는 애플의 아이팟 비즈니스를 능가할 수 있습니다."

하워드 스트링어 소니 회장은 2009년 12월, 일본 도쿄에서 가진 기자회견에서 '타도 애플'을 공개적으로 천명했다. 한 때 전자·IT 시장의 황제로 군림했던 소니가 '애플'을 타깃으로 잡은 것이다.

스트링어 회장은 소니엔터테인먼트, 소니픽처스와 같은 자사 콘텐츠와 3DTV, 스마트폰(소니에릭슨) 등 소니가 자랑하는 기기를 결합한 융합 서비스를 선보이겠다고 밝혔다. 전략은 있지만 실행은 없어 '글로벌 공룡'으로 평가받던 소니 스트링어 회장이 애플을 잡겠다고 선언한 것은 다소 의외로 받아들여졌다. 소니의 타깃은 자신을 추월한 '삼성전자'가 유력했기 때문이다.

2010년 뉴욕 맨해튼 재빗센터에서 열린 '웹2.0 엑스포'의 강연장. 200여 명의 참석자 중 60%인 약 120명이 한 손에 스마트폰을 들고 있었다. 이들은 강연 도중 아이폰 등 스마트폰을 이용해 강사의 프로필이나 관련 자료를 즉석에서 검색한다. 일부는 손가락을 바쁘게 움직이면서 스마트폰에 깔린 '트위터'로 강연자의 발언에 대한 견해를 즉석에서 날린다.

이러한 '속사포 반응'은 강연장 앞면 롤스크린에 여과 없이 뜬다. 연사는 트위터에 올라온 의견을 즉시 체크하면서 강연 내용을 조율한다. 정보기술(IT) 신병기로 주목받는 스마트폰과 트위터가 강연의 '양방향성'을 극대화하고 있는 생생한 장면이다.

예년에는 행사장에 노트북컴퓨터 사용자가 대다수를 차지했는데 이제 미국 대도시에선 스마트폰을 자유롭게 이용하는 장면이 더 이상 낯설지 않게 됐다.

소니와 함께 '구질서'를 대표하는 마이크로소프트(MS)도 최근 검색엔진(빙)과 게임(나탈) 등을 내놓고 구글에 도전장을 내민 데 이어 윈도7, 윈도모바일7 등 새로운 OS를 잇달아 선보이며 '신질서'에 동참할 움직임을 보였다.

MS의 가장 큰 변화는 '웹 어플리케이션 오피스 2010'을 선보인 것이다. 이 제품은 직장, 학교 등 장소에 구애받지 않고 온라인상에서 오피스(워드, 파워포인트, 엑셀) 작업과 공유가 가능하도록 만들었다.

오랫동안 MS는 핵심 수익원인 소프트웨어를 비싼 가격에 CD 형태로 판매해왔다. 그러나 이렇게 온라인을 통해 공급하고 서비스 요금을 받는 사업 모델을 새로이 채택한 것은 MS 전략의 근본적인 변화를 의미한다.

전문가들은 이와 같은 기존 기업들의 변화에 대해, 글로벌 IT산업이 기존 패러다임(앙시앙레짐)을 벗고 새로운 체제로 진입하는 '레짐 체인지(Regime Change)'가 진행되고 있음을 시사한다고 평가하고 있다.

이 같은 글로벌 IT산업 '레짐 체인지'의 신호탄은 애플과 구글이 쐈다. 스티브 잡스의 애플이 IT산업에 불러온 진정한 변화는 새로운 스마트폰 '아이폰 3GS와 아이폰 4G'가 아니라 '앱스토어'로 대표되는 비즈니스 모델이라는 평가가 지배적이다.

기존 휴대폰 업체(노키아, 삼성전자, 모토롤라, LG전자)와 각국 이동통신사업자(보다폰, T모바일, NTT도코모 등)가 견고히 쌓아온 글로벌

아이폰 앱스토어는 글로벌 IT 혁명을 이끌었다.

모바일 시장을 뚫고 개발자와 소비자가 직접 만나 거래할 수 있는 모델을 만들어 성공시킨 것이다.

기존 방식이 '아파트 단지 내 상점'이라고 한다면 앱스토어는 '소프트웨어 백화점'이다. 1~2단계 터치만으로 아이폰, 아이튠스에서 사용할 수 있는 각종 소프트웨어를 편리하게 구매할 수 있다.

실제로 애플 아이폰은 2007년 첫 출시 이후 3년도 안 돼 누적판매량 3,500만 대를 돌파했으며 앱스토어는 출시 1년 만에 등록된 게임, 미디어 등 콘텐츠(어플리케이션) 10만 개, 다운로드 횟수 20억

회를 돌파했다. IT 시장정보업체 IDC는 '2011년 아이폰 콘텐츠는 30만 개로 지금보다 3배 늘어날 것'으로 전망했다.

구글은 인터넷 기반 컴퓨팅으로 불리는 '클라우드(Cloud)' 서비스를 세계 최초로 본격화했다. 클라우드 컴퓨팅은 무거운 PC(노트북, 데스크톱) 없이 인터넷이 연결된 곳이면 언제 어디서나 업무를 할 수 있는 환경을 제공하는 것이다. 스마트폰, 게임기, 내비게이션에서도 구글 메일, 구글 캘린더, 사진, 검색, 자료 보관 등을 할 수 있는 환경을 지향하고 있다.

또 검색의 고정관념을 깨는 '구글 고글' 등 혁신 서비스를 선보이기도 했다. 휴대폰 카메라로 물체를 촬영하면 관련 정보가 휴대폰에 뜨는 새 검색 기능이다. 인터넷 기반의 검색 환경을 뛰어넘어 모바일 검색시장도 장악하려는 야심이 엿보인다.

구글의 모바일 OS '안드로이드'는 글로벌 IT산업 태풍의 눈이 되고 있다. 스마트폰은 물론 셋톱박스, TV 등 사실상 모든 전자기기에 안드로이드가 채택될 조짐이 보이기 때문이다. 중소기업, 콘텐츠 업체는 물론 국내 KT, SK텔레콤 등 통신사업자들도 기본 OS를 안드로이드로 선택할 만큼 파괴력은 상상을 뛰어넘는다.

이렇게 애플과 구글이 올해 내놓은 제품(서비스)은 글로벌 IT산업은 물론 전체 산업에 영향을 미칠 수 있는 게임의 법칙을 새로 만들었다는 데 의미가 있다. 특히 글로벌 기업들은 한결 같이 하드웨어와 소프트웨어 그리고 서비스까지 결합하는 3중융합(트라이버전스, Trivergence)를 추구하고 있어 주목되고 있다.

트라이버전스는 하드웨어(휴대폰, MP3, 게임기, TV 등)를 통합하고 이를 움직이게 하는 소프트웨어(OS, 인터넷 등)는 무료에 가까울 정도로 싸게 공급하며 이를 유지 보수하는 서비스 대가를 비즈니스 모델로 삼는 것이다.

소비자들은 하나의 업체에서 하드웨어와 소프트웨어 서비스까지 구매하기를 원하기 때문에 글로벌 기업들은 이 같은 트라이버전스를 핵심 전략으로 채택하고 있다. 기업 간 인수·합병(M&A)도 트라이버전스형 제품(서비스)을 제공할 수 있는 방향으로 흐르고 있다.

네트워크 장비 업체인 시스코는 인터넷을 통한 동영상 서비스를 제공하기 위해 캠코더 업체(플립)를 인수했다. 또한 영상회의 전문업체(텐드버그) 등을 잇달아 인수하며 하드웨어와 소프트웨어, 서비스까지 제공하는 종합 IT 기업으로 변신 중이다.

그러나 이 같은 글로벌 흐름에 비해 국내 기업들은 산업 간 융합이 부진해 신질서에 발맞추지 못하는 것이 아니냐는 우려를 낳고 있다. 한국의 대표 IT기업이자 글로벌 하드웨어 강자 삼성전자는 2009년 말에서야 처음으로 자체 소프트웨어(바다) 개발도구를 선보였을 정도로 소프트웨어와 서비스 분야에서 내세울 만한 제품이 없는 상황이다.

국내 인터넷 기업인 '네이버' 역시 국내 스마트폰 시장이 열린 이후에야 모바일 검색 시장에 본격 뛰어들고 개방화를 추구할 정도로 글로벌 흐름에 비해서는 게걸음을 보이고 있는 것도 사실이다.

최근 흐름에 비춰봤을 때 그동안 한국 IT산업이 소프트웨어 분야를 키우지 못한 것은 향후 국가경쟁력에도 치명적인 약점으로 제기될 수 있다. 한국은 소프트웨어산업을 집중적으로 키워야 선진 기업의 흐름을 따라갈 수 있는 절박한 상황을 맞이하고 있는 것이다.

글로벌 IT산업이 하드웨어와 소프트웨어, 서비스가 융합한 트라이버전스(삼중 융합) 시대로 진입하고 있지만 한국의 상황은 참담하다. 삼성전자, LG전자 등 글로벌 전자 제조업체들은 존재하지만 세계에 내놓을 만한 소프트웨어, 콘텐츠업체는 전무하기 때문이다. 글로벌 IT 트렌드를 이끄는 3개의 기둥 중 2개(소프트웨어, 서비스)가 부족해 한 발짝도 못 나가고 있는 형국이다.

국내 소프트웨어산업의 시장 규모는 77억 달러(2008년 기준)로 여전히 세계시장의 1.1%에 머물고 있다. 대기업 중심의 IT 서비스산업이 포함된 수치로 이를 제외하면 0.5~0.6% 수준에 불과하다.

소프트웨어 투자도 부진하다. 경제협력개발기구(OECD)가 발표한

스마트폰, e북 등의 새로운 디바이스가 다양한 서비스를 통해 폭발적으로 성장하고 있다. 그러나 한국은 소프트웨어 산업 경쟁력이 부족해 전체 IT 산업의 힘을 약화시키고 있다.

'OECD 국가 GDP 대비 지식투자'에 따르면 한국은 소프트웨어 분야에서 유일하게 OECD 국가의 평균 이하인 1.3%를 기록했다.

세계 IT산업의 성장동력으로 꼽히는 모바일 산업에서 소프트웨어 비중은 절대적이기 때문에 심각성은 더한다. 최근 글로벌 휴대폰 1위 노키아도 휴대폰 제조업을 버리고(아웃소싱) 애플처럼 콘텐츠와 서비스 비즈니스로 전환하는 것을 검토하는 등 산업 패러다임은 하드웨어에서 소프트웨어로 완전히 이동했다. 이 때문에 소프트웨어산업 경쟁력 상실은 IT산업 성장의 아킬레스건을 넘어 '치명타'로 꼽힌다.

정태명 성균관대 정보통신공학부 교수는 "융합 시대를 맞아 그동안 한국이 소프트웨어산업을 소홀히 한 대가를 톡톡히 치를 수 있다"며 "지금도 늦지 않았지만 과거에 비해 다급해진 것은 사실"이라고 평가했다.

IT 전문가들은 글로벌 모바일 전쟁에서 승리하는 것이 불가능하지는 않다는 분석이다. 한국 IT산업의 잠재력은 세계 최고 수준이기 때문이다. 3세대 이동통신 서비스와 와이브로, 와이파이(WiFi) 인프라도 세계 정상권이다. 지상파DMB의 단말기 대수가 2,500만 대에 이를 정도로 이동 영상 서비스도 기대 이상의 성장세를 보이고 있다.

박동욱 정보통신정책연구원 실장은 "애플은 없는 시장을 만든 게 아니다. 물꼬를 터주면 한국도 충분히 따라갈 수 있다"며 "콘텐츠와 어플리케이션의 수요만 창출하면 승산이 있다"고 말했다. 박 실장은 또 "한국의 IT는 1990년대 말에서 2000년대 초까지 많이 성장했지만 국내에서 경쟁적인 환경은 잘 안 이뤄졌다"며 "경쟁을 활성화하면 충분히 모바일 선진국을 따라잡을 가능성이 있다"고 덧붙였다.

또 애플 앱스토어(App Store)의 개방형 전략을 벤치마킹할 필요가 있다고 주문한다. 애플 앱스토어는 어플리케이션(응용 프로그램) 개발자들이 깔아놓은 서비스를 사용자(유저)들이 편리하게 선택하도록 만든 모바일 장터다. 누구든 어플리케이션을 개발해 올리고 고객은 이를 입맛에 따라 고를 수 있는 마당을 펼친 덕분에 2010년 5월 현재 22만 개에 달하는 어플리케이션이 쌓여 있다. 이는 아이폰의 최대 강점으로 꼽힌다.

애플이 2010년 4월 출시한 태블릿PC 아이패드(iPad)는 하드웨어와 소프트웨어, 서비스의 3중 결합의 총아로 꼽힌다. 태블릿PC는 노트북PC보다 작은 형태로 화면에 손으로 직접 입력할 수 있는 방식의 PC를 말한다. 아이패드의 모양은 아이폰과 흡사하다. 화면 크기만 아이폰이 8.9cm(3.5인치)인 반면 아이패드는 이보다 훨씬 큰 24.6cm(9.7인치)다.

기본적인 사용자환경(UI)도 아이폰과 동일하다. 상단의 전원버튼을 이용해 제품을 켜고 화면에 손가락을 대면 터치 기술을 이용해

애플이 2010년 4월 출시한 아이패드.

화면을 빠르게 진환할 수 있다. 화면 구성 방식과 홈 버튼을 통해 초기화면으로 돌아갈 수 있는 것도 똑같다.

기본으로 탑재된 프로그램인 '아이북스(iBooks)' 아이콘을 누르면 서가 모양의 화면이 나온다. 아이패드의 가장 큰 특징 가운데 하나는 전자책(e북) 기능이다. 이는 기존 아마존의 '킨들'이나 반스&노블의 '눅스', 소니의 '리더' 등을 겨냥한 것이다. 이를 위해 애플은 '아이북스(iBooks) 스토어'를 새롭게 만들어 전자책 콘텐츠를 구입할 수 있도록 했다.

애플은 이미 하퍼콜린스, 펭귄, 사이먼 앤 슈스터, 맥밀란, 하체트 북 그룹 등 5개 주요 출판업자들과 제휴해 전자책 콘텐츠를 확보했다. 아이튠스 스토어에서 음악·동영상, 앱스토어에서 프로그램을 다운로드받는 것처럼 아이북스에서는 책을 다운로드 받을 수 있다. 현재는 서적이 중심이지만 앞으로 신문·잡지·만화 등으로 넓혀나갈 것으로 보인다.

애플의 이 같은 새로움과 혁신은 미국은 물론 전 세계에 적지 않은 충격을 주고 있다. 특히 멀티미디어 콘텐츠 시장에 일대 지각변동을 몰고 오고 있다. e북(전자책)과 뉴스, 영화, 음악, 드라마 등을 소비하는 콘텐츠 소비의 신(新) 플랫폼으로 아이패드가 급부상할 기미를 보이자 각종 콘텐츠 생산자들이 아이패드 공략에 사활을 거는 분위기다.

아이패드는 TV와 컴퓨터, e북 단말기, 게임기 등을 통해 따로 소비해 온 여러 종류의 콘텐츠를 한 군데서 즐길 수 있는 통합 환경을 제공한다. 이는 블랙홀과 같은 콘텐츠 소비 흡입력을 발휘할 전망이다.

e북과 신문 등 전통적 미디어는 콘텐츠 유료화의 중요한 교두보를 마련했다는 점에서 아이패드 출시를 반기는 분위기다. 이미 신문·출판업계의 움직임이 거세다.

조산구 KT종합기술원 상무는 "PC 웹에서는 키워드 검색이나 포털 헤드라인을 통해 뉴스를 소비했지만 아이패드는 신문 지면과 비슷한 경험을 제공하는 게 차이점"이라며 "포털의 뉴스 헤게모니가 신문으로 다시 넘어갈 가능성이 크다"고 내다봤다.

아이패드는 신문이나 잡지와 유사할 만큼 매력적인 구독 경험을 줘 돈을 주고 사 보고 싶은 욕구를 이끌어내고 있다. 또 대형 포털의 독과점적인 뉴스 소유 구조가 개방화된 장터식으로 다원화되는 점은 포털의 영향력을 떨어뜨리는 요인이다.

〈월스트리트저널(WSJ)〉은 아이패드용 온라인 신문 구독료를 월 17.99달러로 책정했고, 〈파이낸셜타임스(FT)〉도 아이패드 어플리케이션(앱)을 출시했다.

아이패드는 TV 드라마와 영화 등 각종 동영상의 소비처로도 급부상할 전망이다. 외신에 따르면 아이패드는 온라인 DVD 대여 사이트인 넷플릭스 앱과 ABC방송 콘텐츠를 즐길 수 있는 플레이어, CBS 라디오 등을 제공한다.

삼성전자, LG전자 등 한국기업들도 스마트폰에서 아이폰에 당한 굴욕을 되풀이 하지않기 위해 태블릿PC 맞불전략을 펴고있다. 삼성전자는 국내 소비자 입맛에 맞춰 DMB·어도비플래시 7인치와 10인치 태블릿PC로 대응하고있다.

한편 '아이북(iBook) 장터'를 통해 공급되는 e북 콘텐츠는 가장 기대되는 분야다. 애플은 아이패드로 3만 권에 달하는 e북 콘텐츠를 제공할 것으로 보여 서적 시장의 유통구조에 일대 지각변동을 몰고 올 전망이다.

아이팟(iPod)이 음악 시장을, 아이폰이 모바일 소프트웨어 시장을 바꿨다면 아이패드는 e북 시장에 큰 영향을 줄 것으로 예상된다. 미국은 아마존 킨들 위주의 e북 시장이 경쟁 구도를 형성하게 됐다고 말했다. 미국 e북 시장의 90%를 차지하고 있는 아마존과 미국 최대 서점 체인인 반스&노블을 비롯해 하퍼콜린스, 맥밀런, 펭귄 등 미국 대형 출판사들이 아이패드 앱을 준비 중이다.

소니와 마이크로소프트 등이 주도해 온 가정용 게임기 시장도 아이패드가 잠식하게 되리란 전망이 나온다. 본격적으로 게임 콘솔과 경쟁하기에는 하드웨어나 콘텐츠 면에서 차이가 있지만 간단히 집에서 즐길 수 있는 게임 위주로 점유율을 높여갈 것이라는 분석이다.

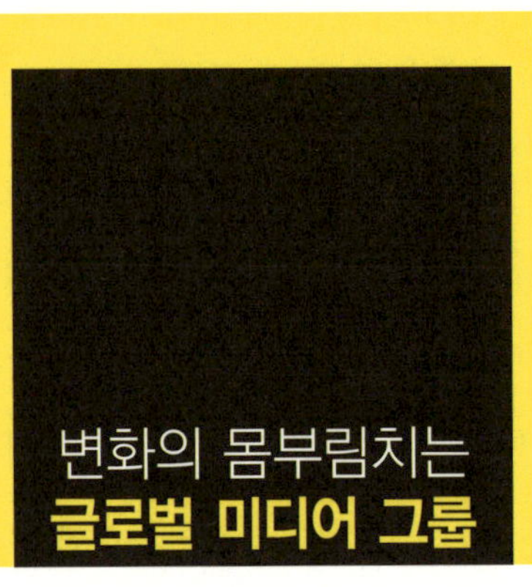

세계 미디어 구도의 변화와 타임워너

미디어혁명과 함께 세계 미디어 구조도 달라지고 있다. 과거 미디어의 흐름은 콘텐츠를 갖고 이것을 예쁘게 포장한 다음 네트워크를 통해 밖으로 내보내는 것이었다. 밖으로 내보내는 장치(디바이스)에는 TV도 있고 라디오도 있고 신문도 있었다. 이러한 미디어 흐름이 반대로 움직이고 있다. 디바이스가 다양해지면서 이를 채울 콘텐츠의 중요성이 더욱 커진 것이다.

세계적인 글로벌 미디어 그룹들도 콘텐츠 확보를 위해 뛰고 있다. 콘텐츠만 있다면 원 소스 멀티 유즈(One Source Multi Use·하나의 콘텐츠를 다양한 디바이스에 구현)가 가능하다. 그만큼 부가가치가 크다는 얘기다.

이러한 미디어 변신의 흐름은 미국의 사례를 보면 잘 알 수 있다. 1980년대까지만 해도 미국 미디어 랭킹의 1~3위는 지상파 TV 방송이 차지했다. ABC 방송이 매출 1위를 달렸고, CBS와 RCA가 그 뒤를 이었다. 4위부터 10위까지는 신문과 잡지 회사가 자리를 지켰다. 사실상 현재의 올드 미디어들이 주도권을 잡고 있었던 셈이다.

하지만 2007년 매출 현황을 보면 사정은 완전히 달라졌다. 1~4위를 차지한 것이 콘텐츠를 많이 확보하고 있는 유료방송사업자들이다. 1위 타임워너를 필두로 컴캐스트와 월트디즈니, 뉴스코퍼레이션이 뒤를 잇고 있다. 재미있는 것은 1980년대와 달리 신문, 잡지 등 인쇄그룹들이 자취를 감췄다는 것이다. 지상파 TV 방송사는 순위에서 밀려 10위권 내의 위치를 근근이라도 차지하고 있지만 신문, 잡지 회사들은 이미 순위권 밖으로 한참 밀려난 상황이다.

실제로 글로벌 미디어 그룹의 성장 사례를 보면 콘텐츠 확보와 직결된 것이 많다. 대표적인 콘텐츠 중심 사업자인 타임워너는 콘텐츠

글로벌 미디어의 상징 CNN을 소유한 '타임워너' 전시장.

생산과 유통, 판매망까지 수직 계열화해 소유한 것으로 유명하다. 타임출판사와 워너커뮤니케이션의 합병으로 출발한 타임워너는 〈타임〉과 〈포천〉 등 38종의 잡지를 발행하고 HBO와 같은 케이블TV 채널과 워너브라더스(영화사), 워너뮤직(음반사) 등을 소유하고 있다.

　타임워너가 성장하게 된 것은 1995년 세계 최초로 24시간 뉴스를 시작한 CNN의 터너 방송국을 인수하면서부터다. 이를 계기로 24시간 전 세계의 뉴스 콘텐츠를 확보하면서 종합 미디어 그룹으로 도약했다. 이후 2001년에는 컴퓨서브와 넷스케이프, 디지털시티 등을 보유한 세계 최대 인터넷 서비스업체인 아메리카온라인(AOL)을 인수하면서 인터넷으로의 사업 확장도 시도한다(AOL과의 합병은 3년 뒤 엄청난 실패로 끝나고야 만다).

타임워너의 성공은 138회에 이르는 인수합병(M&A)를 통한 콘텐츠 다각화가 밑바탕이 되고 있다. 이를 통해 20년 만에 뉴스코퍼레이션과 월트디즈니와 함께 미디어그룹 글로벌 빅3로 성장했다.

미디어 제왕으로 군림하는 루퍼트 머독

또 다른 글로벌 미디어그룹 가운데 하나인 뉴스코퍼레이션(뉴스코프)은 호주의 루퍼트 머독 회장이 소유한 기업으로 잘 알려져 있다. 미국과 영국, 호주 등에 신문과 방송, 인터넷, 출판사 등을 소유하고 있다. M&A를 통해 현재 세계 52개국에 170여 개 신문사를 포함해 780여 개 미디어 관련 기업을 소유하고 있다.

2005년에는 전 세계에서 2억 명 이상의 회원을 갖고 있는 마이스페이스(Myspace.com)를 인수해 이를 통해 영화, 방송, 뉴스, 음악 등의 서비스를 제공하여 큰 수익을 거두고 있다. 2008년에는 NBC유니버설과 조인트 벤처 형태로 온라인 비디오 사이트인 훌루(Hulu.com)를 출범시켜 동영상 공유사이트로 폭발적인 관심을 모으고 있다. 훌루는 이미 유튜브의 명성을 뛰어 넘으며 미국 시장에 잘 정착하고 있다는 평가다.

뉴스코프는 2008년 전 세계적인 경기침체에도 불구하고 329억 9,600만 달러의 매출을 기록해 전년보다 15%나 성장했다. 케이블과 위성 부분에서 87억 달러가 넘는 기록적인 성장을 보인 것이 큰 요인이다. 뉴스코프는 미국의 가장 큰 10개 방송국 가운데 9개를 소유하고 있다. 또 미국에만 27개의 방송국이 있고, 아시아 53개국에서 10개 언어로 63개 채널을 방송하는 스타(STAR)도 뉴스코프 소유다.

뉴스코프는 해외진출에 있어서 로컬화 전략을 잘 구사하고 있다. 스타TV의 경우 아시아의 53개국에서 현지 프로그램을 제작해 새로운 흐름을 주고 있다. 인도의 경우 힌두어와 타밀어, 뱅골어 등의 각 지역 언어로 리얼리티 쇼나 가족 드라마 등을 제작해 큰 성과를 거뒀을 뿐 아니라 각 지역의 고유 콘텐츠를 무수히 개발해 콘텐츠를 세계로 수출하는 기회로 만들고 있다.

미키마우스 그 이상의 디즈니

우리에게 미키마우스로 잘 알려진 월트디즈니는 미키마우스 캐릭터 하나로 2009년 벌어들인 돈이 6조 원에 달할 정도다. 디즈니는 2008년 기준으로 연간 수익이 378억 원에 달한다. 미디어 네트워크와 테마파크-리조트, 스튜디오 엔터테인먼트, 물품 분야의 4가지 영역에서 사업을 펼치고 있다. 2008년도 미디어 네트워크 분야의 수익은 161억 1,600만 달러로 그룹 전체 수익의 42.6%를 차지하고 있다. 테마파크와 리조트 사업 분야는 약 30.4%의 비중이다.

특히 디즈니가 소유한 스포츠 전문 케이블 네트워크인 ESPN은 미디어 네트워크 분야 중에서도 가장 크게 성장하고 있다. 2009년에 30년을 맞는 ESPN은 전 세계에서 8개 언어로 14개 버전의 스포츠 뉴스 프로그램인 스포츠 센터를 만들고 있다. 또 멀티플랫폼인 스포츠 판권을 수집하고 있으며 NBA와 NFL 외에도 최근 대학스포츠, 브리티시 오픈 챔피언십과 판권 계약을 통해 경쟁력의 범위와 깊이를 확장하고 있다.

또 디즈니는 미키마우스 등의 많은 캐릭터를 토대로 애니메이션 등의 콘텐츠를 확보하고 브랜드 가치를 인정받고 있다. 인터넷과 휴대전화, 애플의 아이팟 등 뉴미디어 분야에도 성공적으로 진출하고 있다.

디즈니의 3가지 사업전략에 초점을 두고 있다. 첫 번째는 제품의 질과 브랜드에 투자하는 것, 두 번째는 소비자가 원하는 때 원하는 장소에서 엔터테인먼트를 제공하는 것, 마지막으로 전 세계 소비자들에게 더 쉽게 닿을 수 있도록 사업을 확장하는 것이다.

디즈니 에니메이션 '볼트'. 미키마우스로 유명한 디즈니는 ESPN과 영화사 등을 소유한 세계적 미디어 기업이다.

최근 디즈니는 중국과 인도의 콘텐츠 회사에 투자하고 있으며 중국과 인도를 타깃으로 하는 영화를 개봉하고 있다. 또 어린이 스포츠 분야와 온라인 스포츠 커뮤니티 분야에 공을 들이고 있으며 디지털 플랫폼의 성장 기회에 참여하기 위해 3개의 회사를 인수했다.

미디어와 게임 제국인 비방디

미국뿐 아니라 프랑스에서도 글로벌 미디어 그룹을 찾을 수 있다.

대표적인 것이 건설회사로부터 출발한 비방디(Vivendi)다. 비방디는 2000년 캐나다의 엔터테인먼트그룹인 시그램(Seagram)과 합병 한 뒤 유럽의 케이블, 위성, 인터넷 시스템과 유니버설 스튜디오와 유니버설 뮤직 등을 합쳐 미디어 그룹으로 탄생했다. 현재 77개국에서 사업을 하고 있는 유럽 지역의 대표적인 글로벌 미디어 그룹이다.

프랑스의 첫 유료 TV인 카날플뤼스(Canal+)와 세계 최대 음악 기업인 유니버설 뮤직, 통신업체인 SFR, 아프리카 모로코의 통신사 마호크 텔레콤뿐 아니라 게임회사인 액티비전 블리자드 등을 소유하고 있다.

SFR은 1987년 설립돼 프랑스에서 2번째로 큰 모바일 텔레커뮤니케이션 사업자다. 2007년까지 1,880만 가입자를 보유하고 있으며 프랑스 시장의 34%를 차지하고 있다. 2008년에는 브로드밴드 인터넷 소비자와 모바일 소비자를 기반으로 2007년보다 28% 성장했다.

비방디의 사업 기본 방향은 디지털 컨버전스의 추구다. 음악과 방송-영화, 통신, 인터넷, 게임 등 다양한 분야에 진출해 여러 가지 플랫폼을 통해 다양한 콘텐츠를 서비스하겠다는 것이다.

MTV로 유명세 탄 바이어컴

바이어컴은 케이블 방송사로 사업을 시작했다. 1980년대 초반부터 라디오 방송국의 인수를 시작해 1990년대 초에 MTV 채널의 성공으로 급성장했다. 2000년 공중파 CBS와 합병해 복합 미디어 기업으로 도약했지만 2005년 CBS와 분리해 현재는 케이블 네트워크와 영상제작 사업 중심의 글로벌 엔터테인먼트 콘텐츠 기업으로 자리하고 있다. 즉 플랫폼보다는 콘텐츠 중심의 기업으로 가고 있는 셈이다.

바이어컴은 전 세계에서 33개 언어로 방송되는 160개 TV 채널과 400개 온라인 사이트를 운영하고 있다. 다른 미디어 그룹과는 달리 콘텐츠에 초점을 맞추는 전략을 사용하는 것이 특징이다. 특히 음악채널부분과 어린이 채널부분에서 강한 경쟁력을 갖고 있다.

주요 사업분야는 MTV 네트워크와 BET네트워크, 영화 엔터테인먼트가 있다. 2008년 미디어 네트워크는 87억 5,600만 달러의 수익을 냈으며 그 중 MTV 네트워크는 전 세계 시장에서 25개의 지역화된 채널을 제공하고 있으며 전 세계 5억 2,000만의 시청자에게 멀티플랫폼을 통해 전달되고 있다.

바이어컴은 영화제작과 배급분야에서 세계적인 메이저 영화 스튜디오인 파라마운트를 소유하고 있다. 전 세계적인 배급망을 보유해 극장상영과 DVD 등 다양한 디지털 플랫폼 형태로 보급까지 담당하고 있다.

바이어컴은 뉴미디어 진출을 위해 자체 콘텐츠를 웹의 플랫폼에 유통시키는 전략을 사용하고 있다. 인터넷 TV 'Joost'에 투자해 온라인 영상 서비스 파트너로 삼았으며, 뉴스코프와 NBC가 합작해 만든 동영상 포털 사이트인 훌루에도 콘텐츠를 제공하고 있다. 또 구글의 유튜브와 저작권 소송을 보이는 등 콘텐츠 부분에 있어서 적극적인 행보를 보이고 있다.

인터넷에 있는 정보를 찾아주기 위해 탄생한 검색은 이제 새로운 콘텐츠를 만들어 내는 단계에 이르렀다. 서로 다른 언어 간에 검색 결과를 찾아주는 것은 물론이고 음성과 음향을 검색하는 곳으로도 검색의 영역은 무한히 확장되고 있다.

모바일 서비스의 확대로 인해 검색은 웹의 한계를 벗어나 새로운 변신을 시도 중이다. 검색의 미래를 모색하고 있는 구글과, 울프럼 알파는 많은 시사점을 준다.

전 세계에서 이뤄지는 검색의 절반을 차지하고 있는 구글은 '앞으로의 검색은 모바일 환경에서도 자유롭게 이뤄질 것이고 이를 위해 검색하는 방법도 바뀔 것'이라고 예견하고 있다.

마리사 메이어 구글 검색담당 부사장은 "이동 중인 자동차 안에서도 자유롭게 검색을 할 수 있고 이를 위해서 검색 방법도 획기적으로 변모할 것"이라고 이미 지난 2008년 예견한 바 있다.

그의 예견은 오래 지 않아 현실로 드러났다. 구글은 음성검색을 탑재한 안드로이드 휴대폰을 내놓았으며 앞으로는 사진을 촬영해 검색을 하는 방식도 선보인다. 구글이 특히 중점적으로 보는 검색은 자동번역을 통해 국제적인 장벽을 허무는 것이다.

구글은 이 세상에 모든 정보들을 데이터화해서 검색가능하게 만드는 것을 목표로 하고 있다. 이미 사진과 음악, 동영상을 검색결과에 집어넣었고, 방대한 분량의 책과 신문, 잡지들도 구글의 사정권에서 벗어나지 못했다.

비교적 오래된 기술인 음성인식 기술을 이용해 보이스 서치를 선보이며 모바일 검색에서 사용자의 편의성을 높이는 것도 구글의 주된 관심사이다. 국가 간의 장벽을 허무는 구글 번역 역시 사실 오래된 프로젝트이다. 2001년부터 시작한 구글 번역은 통계적인 기계번역 알고리즘으로부터 시작됐다.

통계적인 기계번역이랑 고대문서 해독의 기초가 되는 번역법이다.

구글의 검색 라운지.

알려진 언어로 된 문서와 동일한 외국어 문헌을 놓고 특정 표현을 해당 언어에서 어떻게 번역해 내는지를 확인하는 것이다. 이를 위해서는 서로 다른 언어로 된 동일 문서가 많아야 한다.

구글은 이러한 검색 방식을 자동번역 수준까지 끌어올리는 데 주력하고 있다. 구글 번역을 통해 이용할 수 있는 외국어는 이제 50개 언어가 넘는다. 과거에는 일본어를 하지 못하면 일본웹사이트는 아무런 의미가 없는 사이트였지만 이제는 아니다.

구글은 이러한 자동번역 기술을 유뷰트에 적용시키고 있다. 유튜브에 적용된 자막을 원하는 언어로 자동으로 번역해 볼 수 있다는 것. 향후 음성인식 기술과 결합되면 무궁무진한 가능성이 있을 것으로 구글은 기대하고 있다.

구글이 염두에 둔 또 다른 미래 기술은 이미지 검색이다. 사진을 입력하면 그와 유사한 이미지가 뜨는 것은 기본. 사진을 찍어 사진에 찍힌 건물에 대한 정보를 얻거나 위치를 검색하는 일도 가능하다.

구글이 현재 부딪친 가장 큰 난관은 이 세상에는 너무 많은 정보들이 존재한다는 것이다. 구글은 이 모든 것을 검색 가능하면서 중립적으로 처리해야 한다는 과제를 안고 있다.

이 문제를 구글은 어떻게 해결해야할까? 사람들이 정보를 찾고자 하는 욕망은 갈수록 커진다. 그 중에서는 생사를 가를 만큼 중대한 정보들도 있을 수 있다. 올바른 정보를 제공하지 못한다면 검색업체들은 더욱 큰 리스크에 빠질 수밖에 없다. 여기서 정보에 손을 대고 싶은 욕구가 커질 수 있겠지만 이는 구글의 방식이 아니다. 결국 사용자의 의지를 파악해서 사용자가 원하는 답을 찾아주는 것만이 해결책이 될 수 있다.

이런 구글도 한국에서는 큰 성과를 내지 못했다. 이는 한국만의 고유한 검색문화에 기인한 것이다. 조원규 구글코리아 사장은 "한국인은 검색을 다른 서비스와 다르게 이용하는 역사적 이유가 있다"고 말했다.

한국에 인터넷이 처음 보급됐을 당시만 하더라도 한국에는 검색할 자료 자체가 많지 않았다. 네이버는 이를 극복하기 위해 지식검색을 만들었고 큰 인기를 얻었다. 웹에 자료가 많지 않았기 때문에 이용자들끼리 지식을 공유했던 것이다. 이용자가 누릴 수 있는 콘텐츠는 특정 서비스 제공자의 통제 아래 있었고 구글과 같은 개방된 검색업체들은 이에 접근하기가 어려웠다.

이와 함께 문화적인 요인도 있다. 한국은 단일한 문화를 가진 나라이고 강력한 문화적 동질감을 가진다. 검색어를 분석해보면 대부분 유사한 것을 동시에 검색한다. 검색하고자 하는 내용을 잘 가공해서 보여줄 수 있다면 가장 많은 사람들이 가장 원하는 정보를 보여줄 수 있고 한국 이용자들은 이에 열광하고 있다. 이런 점은 구글과 같은 미국식 검색 문화와는 확연히 차이를 보이는 부분이다.

결국 네이버나 다음을 따라 해서는 구글에게 승산이 없다. 기술 우위를 기반으로 한국에 없었던 전혀 새로운 검색을 들고 나와야 한다.

구글의 공동 창업자인 래리 페이지는 "검색엔진의 궁극적인 목표는 사람들이 원하는 것을 정확하게 이해하고 정확하게 보여주는 것"이라며 "야심차고 쉽지 않은 과제이며 미래의 일이지만, 미래는 이미 오늘날 우리가 살고 있는 것"이라고 말했다.

구글이 SF영화처럼 검색엔진의 미래를 꿈꾸고 있다면 상당히 현실적인 각도에서 새로운 검색을 모색하는 기업도 있다. 통계전문 프로그램인 매스매티카를 개발했던 울프럼 연구소에서 내놓은 울프럼 알파라는 검색엔진이 바로 그것이다.

콘래드 울프럼 연구소장은 울프럼 알파를 검색엔진이 아니라 지식엔진이라고 강조한다. 세계에서 가장 높은 산을 치면 구글은 에베레스트 산이 수록된 웹사이트를 보여주지만 울프럼 알파는 이와는 전혀 다른 방식으로 답을 보여준다. 에베레스트 산의 높이와 위치 등 여러 정보가 잘 짜인 프레젠테이션처럼 나열되는 것이다.

이를 위해서는 검색엔진 스스로 질문을 이해하고 해석해야 한다. 이른바 시멘틱 웹이라는 새로운 기술이 필요한 것이다. 시멘틱웹은 의미차원에서 이용자의 질의를 분석하고 가장 원하는 답을 찾아주는 방식이다.

웹 자체가 지능화된다는 것이다. 울프럼 소장은 "빅맥과 와퍼를 울프럼 알파에 입력하면 맥도날드의 빅맥과 버거킹의 와퍼 중 어느 것이 칼로리가 더 적은지도 비교가 가능하다"고 강조한다.

울프럼 연구소는 20년을 훌쩍 넘긴 중견기업이고 통계적 수학프로그램을 연구해온 것을 기반으로 울프럼 알파를 선보였다. 그들에게 울프럼 알파 웹 사이트는 거대한 프로젝트의 단 일 부분이다. 그들의 목적은 마치 구글처럼 모든 정보를 수집해서 컴퓨팅하는 것이다.

웹사이트 외에도 무궁무진하다. 이들은 이미 컴퓨터화된 저널리즘을 추진하고 있으며 이를 바탕으로 전문가들이 비전문가들에게 지식을 전파하는 것을 도와줄 수 있다고 믿고 있다.

울프럼 소장은 새로운 검색엔진의 필요성에 대해 다음과 같이 역설했다.

"우선 혁신이 변화에 필요하다는 것을 공감해야 합니다. 구글은 수년간 성공적이었습니다. 하지만 새로운 아이디어가 필요합니다. 새로운 접근, 새로운 방법이 만들어지기 때문입니다. 우리는 여기에 주목하고 있습니다. 울프럼 연구소는 사물에 대한 전혀 다른 접근 방식을 가지고 있습니다. 이것이 좋은지 나쁜지 아직은 모르겠습니다. 그렇다고 반드시 정형화된 지식에 동의하는 것은 아닙니다. 많은 다국적 기업들은 '우리도 성공을 거두었으니까, 여기서 또 똑같이 해야겠다'는 생각을 하곤 하지만, 혁신적인 소기업들은 이러한 반복적 행태를 피할 것입니다."

울프럼 알파도 자동화된 알고리즘으로 정보를 수집하고 있다. 이에 대한 연구는 계속될 것이다. 하지만 울프럼 알파가 관심을 보이는 것은 정보의 수집 자체보다 정보의 가공과 재배열이다.

대부분의 웹사이트는 텍스트 기반으로 되어 있어 대단히 정적이다. 하지만 어플리케이션은 매우 동적인 형태로 발전하고 있다. 컴

검색창에 음성으로 말을 하면 자동적으로 검색해주는 구글 보이스 검색. 구글은 검색 경쟁력을 높이기 위해 이미지 검색, 보이스 검색 등에 천문학적인 금액을 투자했다.

퓨팅 가능한 지식을 쉽게 내재화한다면 새로운 형태의 정보를 제시하고 프레젠테이션을 가능하게 해준다는 것이 바로 울프럼 알파의 비전이다.

울프럼알파의 새로운 실험은 아직까지도 진행형이다. 하지만 이들의 행보가 많은 검색 업체들에게 새로운 자극을 주고 있는 것은 분명하다.

다양한 플랫폼과 정보의 속도를 즐기는 '모바일 빅뱅' 시대를 맞아 요즘 산업계가 새 사업을 찾느라 고심하고 있다. 미리 준비한 빅뱅이 아니라 외부 충격에 의한 것이어서 미래 읽기가 더 어렵다.

기업들은 다투어 어플리케이션(응용프로그램) 장터를 만들고, 무선데이터 요금 장벽도 낮추지만 갈 길은 멀어 보인다. 달려온 성공 가도를 떠받치는 지반이 허약하기 때문이다. 바로 '지식 도둑' 마인드가 만연해 콘텐츠 생산자가 의욕을 잃고, 출구가 막혀 모바일 벤처들이 말라가는 위태로운 지반이다.

"미개봉 영화를 불법으로 주고받는 P2P(개인끼리 콘텐츠 공유) 사이트가 유독 한국 아이폰에만 등장했습니다. 모바일 시장마저 망가진 채 출발하면 글로벌 무대에 진출할 수 없습니다."

콘텐츠 유료화 성공모델로 꼽히는 곰TV를 개발한 그래텍의 배인식 사장은 "온라인 게임이 성공한 이유는 유료화 안착과 소액결제 시스템 덕분"이라고 강조한다.

인터넷 코리아의 초석 가운데 하나가 불행히도 저작권에 무감각한 문화였다. 김중태 IT문화원 원장은 "아바타·문자메시지·전화벨 등이 유료화에 성공한 건 사용자들이 이것을 구입하는 대신 간식비, 옷값 등을 줄였기 때문"이라며 "온라인 콘텐츠의 경쟁 상대는 김밥집이며, 서점이며, 주유소"라고 지적한다. 거꾸로 말하면 무형자산인 콘텐츠는 돈 주고 구입해야 하는 소중한 자산이라는 얘기다.

레스터 서로 미국 MIT 교수는 "창의성을 인정하고 육성하며 그것을 위해 기꺼이 대가를 치르려는 사회제도가 21세기 성공의 관건"이라고 설파한 바 있다. 모바일 시장에선 '콘텐츠=유료'라는 인식이 처음부터 뿌리를 내려야 한다.

이를 기반으로 벤처 생태계를 복원시키는 출구가 나와야 한다고 전문가들은 지적한다. 다행히 스마트폰 등장으로 인해 국내 산업계에 모바일 빅뱅이 불어닥치면서 콘텐츠는 무료라는 인식이 깨지고 있다. 개인이 응용프로그램(어플리케이션)을 만들어 모바일 장터에 올린 뒤 세계를 무대로 유료로 판매하는 새로운 경제가 태동하고 있는 것이다.

KT경제경영연구소가 분석한 자료에 따르면 국내 아이폰 이용자의 3분의 2가 유료 어플리케이션을 구매한 것으로 나타났다. 애플 아이폰 이용자 1,400명 가운데 66.3%가 유료 앱을 구매한 적이 있는 것으로 조사됐다. 연령별로는 30대가 74.1%로 가장 높았고 40대(65.1%), 20대(63.0%), 10대(41.9%) 순이었다.

무료 앱을 쓰다가 유료 앱으로 전환한 아이폰 이용자도 52%에 달했다. 개인의 흥미를 끌고 도움이 된다고 판단되면 돈을 지불할 의사가 절반 이상 있다는 얘기다. '소프트웨어 개발 활성화→다양한 콘텐츠 양산→소비자의 선택 폭 확대' 같은 경제 선순환이 형성될 것으로 전망된다.

앱 이코노미 시대에 인기를 끄는 유료 어플리케이션은 게임, 생산성(업무 효율성을 돕는 콘텐츠), SNS(소셜네트워크서비스 관련), 카메라(스마트폰의 사진 편집, 합성, 업로드 지원), 음악 등이다.

스마트폰용 앱스토어의 유료 앱 비중을 봐도 콘텐츠 유료화 흐름을 충분히 감지할 수 있다.

네덜란드의 앱스토어 분석업체인 '디스티모'에 따르면 애플 앱스토어에 등록된 14만여 개 앱 중 75%가 유료 콘텐츠였으며 윈도 마

켓플레이스(78%), 노키아 오비스토어(85%) 등도 유료 앱 비중이 월
등히 높았다. 구글 안드로이드 마켓만 무료 비중이 57%로 높았다.

'인터액티브 서비스, 하이퍼 로컬 서비스, 모바일 뉴스, 웹 2.0, 비디오 뉴스, 전자종이 실험, UCC(사용자제작동영상), 통합 뉴스룸, 온라인광고 비즈니스 모델, 기자들의 대량 해고…'

미국의 한 컨설팅업체가 2009년 초 발표한 달라지는 미디어의 모습을 묘사한 키워드다. 과거 신문이나 TV 등에서 정보를 생산해 일방적으로 전달해주는 방식은 이제 사라져가고 있다. 대신 상호 소통하는 미디어, 참여하는 미디어, 1인 미디어 등이 대안으로 자리 잡아 가고 있다.

인터액티브(Interactive) 서비스는 다양한 형태로 독자의 의견을 수렴하는 것을 말한다. 국내 언론사 인터넷 사이트에 접속하면 조회수가 많은 기사 목록을 볼 수 있다. 이는 뉴스를 읽은 독자가 인터넷 사이트 순위 형성에 기여했다는 것을 의미한다. 독자들이 정보를 일방적으로 전달받는 것이 아니라 뉴스에 대해 평가를 내릴 수 있다는 얘기다.

댓글 쓰기는 단순한 평가를 뛰어 넘어 자신의 의견을 전달하는 단계까지 나간 것이다. 〈뉴욕타임즈〉에도 'most e-mailed'와 같은 코너가 있다. 이는 단순히 조회수가 많은 것에서 한 단계 더 나아가 이 뉴스를 어떻게 평가하고 있는 것까지 보여주는 것이다. 타인에게 이메일로 전달할 정도면 그만큼 기사에 대해 높은 가치부여를 하고 있다는 얘기가 되기 때문이다.

다양해진 커뮤니티 서비스도 미디어의 모습을 바꿔나가고 있다. 언론사들마다 독자 중심 서비스를 내놓고 이용자 가치 창출을 통해 차별화해 나가고 있다. 일부 언론사에서 자사 독자들에게 맞춤형 이메일을 보내는 것도 이러한 커뮤니티 서비스의 일환이다. 또 페이스북에서 이용자가 어떤 기사를 추천할 경우 해당 페이스북을 방문하는 사람이 그 기사를 읽게 되는 경우가 많다. 커뮤니티의 힘이다.

슈퍼마켓 형태의 소규모 미디어 서비스도 등장하고 있다. 예를 들어 'www.10028.net'이라는 인터넷 사이트가 있다. 이는 뉴욕 맨해튼의 10028 우편번호를 쓰는 사람들이 그 지역의 정보를 올리는 곳이다. 주민수는 1,420명에 불과하다. 이 사이트에는 시시콜콜한 동네 이야기에서부터 동네 꽃집 할인 판매 얘기, 식당 메뉴 등이 게시된다. 이러한 형태의 커뮤니티 미디어는 현재 무수히 쏟아져 나오고 있다.

참여도 새로운 미디어 트렌드의 한 조류가 되고 있다. 〈뉴욕타임즈〉는 2009년 초 타임즈 오픈(Times Open) 행사를 대대적으로 열어 〈뉴욕타임즈〉 인터넷 사이트(www.nytimes.com)의 API(응용 프로그램 인터페이스)를 공개했다. 쉽게 얘기해서 〈뉴욕타임즈〉 사이트에 서비스나 프로그램을 마음껏 올릴 수 있는 길을 터놓은 것이다.

API 공개에 따라 NBA 농구를 좋아하는 사람들은 거기에 맞는 미디어 사이트를 구축할 수 있고, 뉴욕에서 데이트하기 좋은 식당을 올리는 미디어 사이트가 생길 수 있다. 언론사가 참여의 길을 열어 놓고 독자와 함께 하는 미디어의 세상이 시작되는 것이다.

외국 사례뿐 아니라 국내 사례도 비슷한 것들이 많다. 촛불 집회가 한창이던 2008년 봄, 집회 현장을 생중계하는 방송이 우후죽순처럼 나왔다. 무선 초고속인터넷인 와이브로(모바일 와이맥스)를 이용해 혼자서 PC와 간단한 캠코더 카메라로 시위 현장을 생중계한 것이다. 바야흐로 1인 미디어의 시대의 도래다.

콘텐츠 제공방식도 변화하고 있다. 앞에서도 언급했듯이 〈뉴욕

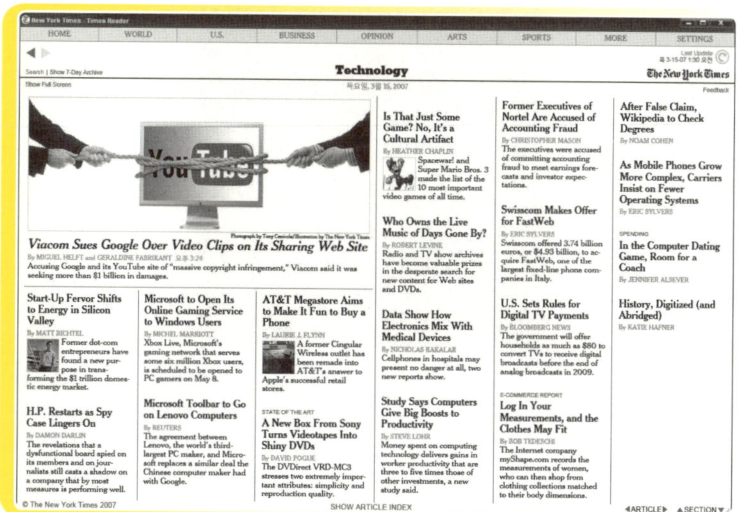

Technology — The New York Times

Viacom Sues Google Over Video Clips on Its Sharing Web Site
By MIGUEL HELFT and GERALDINE FABRIKANT
Accusing Google and its YouTube site of "massive copyright infringement," Viacom said it was seeking more than $1 billion in damages.

Is That Just Some Game? No, It's a Cultural Artifact
By HEATHER CHAPLIN
Spacewar! and Super Mario Bros. 3 made the list of the 10 most important video games of all time.

Who Owns the Live Music of Days Gone By?
By ROBERT LEVINE
Radio and TV show archives have become valuable prizes in the desperate search for new content for Web sites and DVDs.

Data Show How Electronics Mix With Medical Devices
By NICHOLAS BAKALAR
Cellphones in hospitals may present no danger at all, two new reports show.

Study Says Computers Give Big Boosts to Productivity
By STEVE LOHR
Money spent on computing technology delivers gains in worker productivity that are three to five times those of other investments, a new study said.

Former Executives of Nortel Are Accused of Accounting Fraud
By CHRISTOPHER MASON
The executives were accused of committing accounting fraud to meet earnings forecasts and investor expectations.

Swisscom Makes Offer for FastWeb
By ERIC SYLVERS
Swisscom offered 3.74 billion euros, or $4.93 billion, to acquire FastWeb, one of the largest fixed-line phone companies in Italy.

U.S. Sets Rules for Digital TV Payments
By BLOOMBERG NEWS
The government will offer households as much as $80 to convert TVs to receive digital broadcasts before the end of analog broadcasts in 2009.

E-COMMERCE REPORT
Log In Your Measurements, and the Clothes May Fit
By BOB TEDESCHI
The Internet company myShape.com records the measurements of women, who can then shop from clothing collections matched to their body dimensions.

After False Claim, Wikipedia to Check Degrees
By NOAM COHEN

As Mobile Phones Grow More Complex, Carriers Insist on Fewer Operating Systems
By ERIC SYLVERS

SPENDING
In the Computer Dating Game, Room for a Coach
By JENNIFER ALSEVER

History, Digitized (and Abridged)
By KATIE HAFNER

Start-Up Fervor Shifts to Energy in Silicon Valley
By MATT RICHTEL
Former dot-com entrepreneurs have found a new purpose in transforming the $1 trillion domestic energy market.

H.P. Restarts as Spy Case Lingers On
By DAMON DARLIN
The revelations that a dysfunctional board spied on its members and on journalists still casts a shadow on a company that by most measures is performing well.

Microsoft to Open Its Online Gaming Service to Windows Users
By MICHEL MARRIOTT
Xbox Live, Microsoft's gaming network that serves some six million Xbox users, is scheduled to be opened to PC gamers on May 8.

Microsoft Toolbar to Go on Lenovo Computers
By REUTERS
The agreement between Lenovo, the world's third-largest PC maker, and Microsoft replaces a similar deal the Chinese computer maker had with Google.

AT&T Megastore Aims to Make It Fun to Buy a Phone
By LAURIE J. FLYNN
A former Cingular Wireless outlet has been remade into AT&T's answer to Apple's successful retail stores.

STATE OF THE ART
A New Box From Sony Turns Videotapes Into Shiny DVDs
By DAVID POGUE
The DVDirect VRD-MC3 stresses two extremely important attributes: simplicity and reproduction quality.

© The New York Times 2007

〈뉴욕타임즈〉의 타임즈 리더. 미디어의 뉴스 전달 방식은 계속 진화하고 있다.

타임즈〉와 〈워싱턴포스트〉, 〈보스턴 글로브〉 등이 아마존의 킨들을 이용해서 뉴스서비스를 하고 있다. 휴대폰인 모바일 디바이스를 이용한 뉴스서비스도 확산되고 있다. 〈뉴욕타임즈〉는 온라인에서 보다 편리하게 신문을 볼 수 있도록 '타임즈 리더(Times Reader) 2.0' 서비스도 이미 시작했다. 앞으로 '3스크린' 시대가 도래하면 TV와 모바일, PC를 이용해 끊어지지 않는 하나의 화면처럼 볼 수 있게 된다. 집에서 TV로 영화를 보다가 이것을 휴대폰에서 이어서 보고 사무실에서는 PC로 끝까지 볼 수 있다는 얘기다. 여기에 미디어가 기본으로 제공될 콘텐츠임은 틀림없다.

2008년 2월. 마이크로소프트(MS)의 최고경영자(CEO) 스티브 발머는 인터넷 포털 야후(Yahoo)의 이사진들에게 한 장의 서신을 보냈다. 여기에는 '주당 31달러, 총 446억 달러에 야후를 사고 싶다'는 MS의 적대적 인수 제안이 담겨 있었다.

4개월 간의 지리한 협상 끝에 MS의 야후 인수 협상은 최종 결렬됐다. MS는 주당 33달러인 500억 달러까지 가격을 높였지만 야후는 주당 37달러를 고집했다. 야후의 창업자인 제리 양이 주도해 MS의 적대적 인수 시도를 막아낸 것이다.

하지만 야후에게 남은 것은 없었다. 인터넷 포털이라는 지위는 변함없지만 검색 사이트로서는 세계 1위인 구글에게 밀리기 때문이다. 구글이 검색 기술을 통해 확고한 수익 모델을 만들어내고 있는 반면 야후는 매출 급감에 고민해야 할 상황이다.

MS-야후 협상 결렬 이후 제리 양은 야후 경영진과 주주들에게 쫓겨나는 신세가 된다. 그 자리는 소프트웨어 업체인 오토데스크의 대표를 지낸 캐롤 바츠가 물려받았고 그녀는 제리 양과 달리 MS와의 공존을 택했다.

2009년 7월 MS와 야후는 검색 엔진과 광고 분야에서 제휴를 발표한다. 구글을 정면 겨냥한 선언인 것이다. 당초 MS가 야후 인수를 선언한 것은 인터넷 광고시장에서 구글의 존재가 두렵기 때문이었다. 비록 MS의 최고경영자(CEO)인 스티브 발머가 야후 인수 제안을 공식적으로 밝히면서 '구글'이라는 단어를 한마디도 언급하지 않았지만, 핵심은 세계 최대 인터넷 검색업체인 구글이다.

MS가 야후의 인수를 제안한 2008년을 기준으로 전 세계 인터넷 검색광고 시장에서 구글의 시장점유율은 66%로 단연 1위다. 2004년에만 해도 야후에 뒤졌지만 매년 30% 이상씩 성장하며 독보적인 1위 자리를 굳혔다. 야후와 MS의 점유율은 각각 13%와 4%에 불과하다.

MS의 인터넷 광고 매출은 구글의 5~6분의 1에 불과한 수준이다.

반면 인터넷 광고 시장은 꾸준히 커지고 있다. 2009년 기준으로 미국 온라인 광고 시장은 200억 달러가 넘는다. 4년 전보다 2배 이상 확대된 수치다.

반면 MS는 온라인 검색서비스 부문에 많은 투자를 하고 있지만 여전히 구글을 따라잡지 못하고 있다. MS는 2006~2008년 동안 구글에 맞서기 위해 수억 달러를 투입, 검색엔진과 온라인 광고 네트워크 개발에 나섰지만 여전히 온라인 광고시장 점유율은 한 자릿수에 머물고 있다.

MS는 지난 수년간 온라인 사업을 강화하기 위해 윈도와 오피스의 우수인력을 검색엔진 개발에 투입하는 등 노력을 기울여 왔지만 온라인 검색광고 시장점유율은 지난 4년간 꾸준히 감소하고 있다.

반면 구글은 다른 온라인 업체와의 인수·합병(M&A)과 제휴 등을 통해 온라인 시장 지배력을 더욱 강화하고 나섰다. 2006년 16억 5,000만 달러의 주식교환으로 세계 최대 사용자 제작 동영상(UCC) 사이트인 유튜브를 인수한 구글은 2007년에는 광고마케팅 회사인 더블클릭을 31억 달러에 사들였다. AOL과도 주식을 교환하고 소셜 네트워크인 마이스페이스와 제휴 관계도 맺었다.

앞서 언급한 바와 같이, 이러한 구글의 독주에 맞서 MS가 활로로 선택한 것이 야후다. 야후는 검색광고 시장에서는 구글에 밀리지만 디스플레이 광고 시장에서는 구글을 압도하고 있다. 19%의 시장점유율로 구글의 1%와는 큰 격차를 보인다. 포털사이트 기능에 충실한 야후에 MS가 가진 소프트웨어 능력과 고객군을 결합할 경우 구글의 아성에 충분히 도전할 수 있다는 MS의 판단이다.

MS의 야후 인수 제안은 윈도와 오피스로 대표되는 MS의 산업군을 점차적으로 온라인 중심으로 가져가겠다는 전략적인 행보와도 관련이 있다. MS는 윈도와 오피스, 서버, 게임·모바일, MSN(온라인) 등 5개 사업군으로 구성돼 있다. 2007년 윈도와 오피스 부문의 순익은 각각 150억 달러와 164억 달러에 달한다. 반면 MSN은 25억 달러에 불과하다.

MS가 야후를 인수하면 MSN 부문 순익은 95억 달러로 늘어날 전망이다. 전 세계 온라인 광고 시장은 2010년 800억 달러(약 76조 원) 규모로 커질 것으로 예상돼 야후 인수가 MS로서는 절실한 상황이다.

야후 인수가 실패로 끝나면서 MS의 미래도 밝지만은 않다. MS의 5개 사업군 가운데 최근 가장 큰 어려움을 겪고 있는 곳은 윈도와 오피스로 대표되는 소프트웨어 사업군이다. MS는 윈도와 오피스뿐만 아니라 미디어플레이어, 메신저 등 대부분 프로그램 설계도를 공개하지 않고 있다. MS가 미국과 EU 정부당국으로부터 독점적 지위를 이용해 공정 경쟁을 해친다는 비난을 받는 원인 대부분은 바로 소프트웨어 폐쇄정책 때문이다.

기조연설 중인 스티브 발머. 2000년 취임한 스티브 발머는 검색에 뒤지고 모바일 시대에 대응을 못해 10년만인 2010년 5월 애플에 시가총액 1위를 내줬다.

이러한 MS에 반기를 들고 나선 곳이 리눅스를 중심으로 한 오픈 소스 진영이다. 소프트웨어 설계도에 해당하는 소스 코드를 공개하고 누구나 이용할 수 있도록 하자는 취지의 오픈소스 진영 움직임은 윈도와 오피스를 넘어 이제는 휴대폰 운영체제(OS)에까지 확산되고 있다.

구글이 최근 공개한 휴대폰 OS인 안드로이드는 폐쇄적 MS의 휴대폰 OS에 대항하기 위한 것으로 이미 세계적인 기업 30개 이상이 개발에 참여하고 있다. 또 구글은 MS 오피스와 유사한 프로그램을 인터넷을 통해 이미 무료로 제공하고 있다.

이러한 오픈소스 진영을 달래기 위해 MS는 지난 2008년 스티브 발머 CEO가 직접 나서서 윈도비스타, 서버, 오피스 등 소프트웨어 핵심 기술 일부를 공개하겠다고 발표했다. 1차로 3만 쪽 분량의 문서를 공개했지만 반응은 시큰둥하다. 오픈소스 진영과의 경쟁을 미리 차단하고 미국과 EU 과징금을 조금이라도 줄이기 위한 술책이라는 분석이 지배적이다. 실질적인 '공개'와는 거리가 멀다는 설명이다.

여기에 MS가 차세대 성장동력으로 삼는 게임 산업에서는 MS가 경쟁자인 소니에 빌붙어야 할 판이다. 지난 2008년 차세대 DVD 시장에서 소니 블루레이가 도시바 HD-DVD에 승리를 거뒀다. MS의 X박스360은 HD-DVD를 지원하고 경쟁 게임기인 소니의 플레이스테이션3(PS3)에는 블루레이가 탑재돼 있다.

도시바의 HD-DVD 생산 중단 발표로 MS는 소니 블루레이를 X박스360에 탑재하기 위한 협상을 시도하고 있다. 또 블루레이를 탑재한 PS3와 경쟁을 위해 해외 판매가격도 모델별로 18~29% 내리는 등 수모를 겪고 있다.

야후도 사정은 마찬가지다. 야후는 MS와의 협상 실패 직후 주가가 15% 폭락했다. 하루만에 시가총액 60억 달러가 증발한 것이다. 여기에 2008년 말부터는 세계적인 경기침체로 온라인 광고 시장이 꽁꽁 얼어붙은 데다 차별된 서비스를 갖춘 경쟁자들이 속속 등장하면서 어려움이 더욱 커지고 있다.

특히 인터넷의 가장 큰 약점으로 꼽히는 '신뢰성'을 갖춘 뉴미디어들이 새롭게 주목받고 있다. 일반인이 만드는 UCC가 지고 준전문가가 만드는 PCC가 뜨고 있는 것이다. PCC는 프로 또는 준전문가들이 생산한 콘텐츠(Proteur Created Contents)로 정제된 내용을 담고 있다. '프로추어(Proteur)'는 프로와 아마추어의 합성어다. 반면 UCC는 일반 사용자가 직접 제작한 콘텐츠(User Created Contents)로 아마추어 동영상 작품을 의미한다.

검색부터 뉴스서비스, 금융정보, 커뮤니티 등을 한곳에서 제공해온 야후는 2008년 창업자인 제리 양이 사임 의사를 밝히면서 몰락이 가속화하고 있다. 2008년 3분기의 야후 순이익은 2007년 같은 기간보다 64% 급감했다.

야후는 구글, 페이스북 등 개방형 서비스를 내세운 신예 강호에 주 수익원인 온라인 광고 시장을 내주면서 설 자리가 좁아졌다. 뒤늦게 서비스 개방을 앞세우며 반격에 나섰지만 글로벌 금융위기라는 파도를 넘기에는 역부족이었다.

인터넷 주력 사용층인 대학생 사이에서는 야후 등 인터넷을 통한 뉴스 검색도 줄고 있다. 대신 〈뉴욕타임스〉나 〈월스트리트저널〉 등 전통적인 언론매체 인터넷 사이트를 이용하는 비중이 늘어나는 추세다.

사실 야후는 검색 기능보다는 미디어 기능이 중심인 기업이다. 미디어 등 콘텐츠가 강한 야후와 달리 검색이 특화된 구글은 특정 단어와 관련된 광고를 매개로 더 큰 수익을 올리고 있다. 검색과 광고 시장의 수익성이 다르기 때문이다. 방문객 수는 엇비슷하지만 알짜고객은 야후보다 구글 사이트로 몰린다는 얘기다.

시장에서는 야후와 구글을 비교하는 게 무리라는 지적도 나온다. 검색부문은 야후의 사업 영역이 아니고 야후는 본래 미디어기업이고 검색 기능은 어쩌다 갖추게 됐다는 분석이다.

오히려 야후가 미디어기업으로서의 성장 여력이 충분하다는 분석도 제기된다. 리서처업체인 포레스터리서치에 따르면 미국인들은 TV와 신문 등 미디어를 접하는 시간의 34%를 인터넷에서 보낸다. TV를 보는 시간(35%)과 맞먹는다. 반면 TV는 전체 광고의 31%를 점하고 있지만 인터넷의 광고 점유율은 12%에 불과하다.

지난 30년간 PC업계 절대 강자로 군림해온 마이크로소프트(MS)도 고민이다. 윈도와 오피스 등 대표 제품 매출이 부진한 데다 인터넷 사업에서도 뚜렷한 성과를 내지 못하고 있다. 2009년의 경우 2분기(4~6월) 순이익이 전년 동기 43억 달러보다 29% 감소한 30억 5,000만 달러에 그쳤다. 매출은 131억 달러로 17%나 줄었고 시장 예상에도 크게 못 미쳤다.

윈도 매출은 2008년 동기 대비 29%나 줄었고 엔터테인먼트(-25%)

오피스(-13%) 온라인(-13%) 서버&툴스(-6%) 등 5대 사업군에서 모두 매출이 감소했다.

가장 큰 문제는 윈도와 오피스 등 소프트웨어 사업군이다. 앞에서도 언급한대로 구글을 중심으로 한 '오픈소스' 진영이 무료로 소프트웨어를 내놓으면서 MS의 사업영역을 크게 잠식하고 있다. 오픈소스는 소프트웨어 설계도에 해당하는 '소스 코드'를 공개하고 누구나 무료 또는 저렴하게 이용할 수 있도록 하는 방식이다.

또 구글은 최근 크롬 OS(운영체제) 출시 계획을 밝히며 MS를 긴장시키고 있다. PC OS로 윈도를 탑재하면 개당 300~400달러가 든다. 반면 크롬을 선택하면 30~40달러로 충분하다. PC 제조업체로서는 구미가 당기는 제안이 아닐 수 없다.

주력 사업이 부진하자 MS는 구글의 '심장'인 검색엔진 분야를 공략하기 위해 야후와 장기 협력에 합의했다. MS는 자사 검색엔진인 '빙(Bing)'을 야후에 제공하는 대신 야후의 핵심 검색기술을 10년 동안 사용할 수 있는 권리를 보장받았다.

구글은 압도적인 검색 분야 점유율을 앞세워 PC 주도권을 OS에서 검색으로 바꿔버렸다. 당연히 MS엔 눈엣가시였다. MS는 일단 야후를 발판으로 새로운 검색엔진 '빙'의 사용자 기반을 확대하는 데 주력할 것으로 보인다.

'빙'은 2009년 미국 시장에서 점유율 8.4%에 그치고 있다. 야후

(19.6%)와 합쳐도 구글(65%)의 절반에도 못 미친다는 점에서 아직 제

휴 효과는 미지수다.

PART 2

한국 미디어는 어떻게 주도권을 잃었나

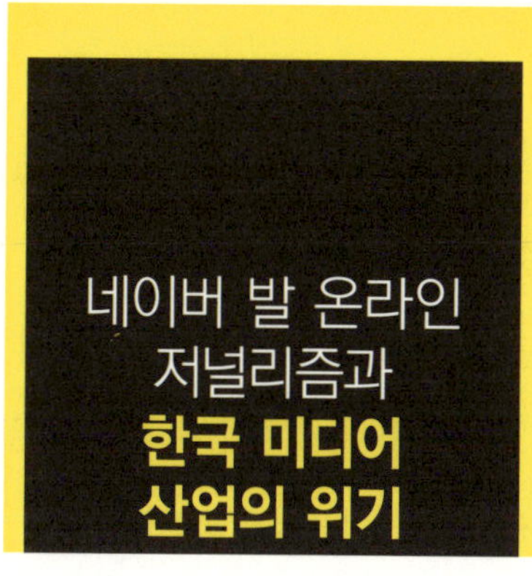

"이제 뉴스는 신문사가 편집할 수 있도록 할 방침입니다. 우리는 언론사와 상생한다는 기본 원칙을 한 번도 버린 적이 없습니다. 진정성을 이해해주실 거라 믿습니다."

2009년 1월 최휘영 NHN 대표이사 사장은 네이버 뉴스캐스트 도입을 발표하며 '진정성'이란 표현을 여러 차례 썼다. 네이버에 올라오는 신문사 기사의 댓글이 유명 연예인의 자살을 불러 일으켰다는 비난을 받고, 네이버 뉴스 초기 화면의 편집과 기사 제목에 대한 논란이 정치권에까지 확산되자 네이버는 '고육지책(苦肉之策)'을 꺼냈다.

　네이버 화면 한 가운데를 각 언론사에 개방하고 이를 해당 언론사가 편집할 수 있도록 만든 것이다.

　네이버는 2009년 1월 1일부터 자체적으로 편집을 해오던 메인페이지의 뉴스란을 이용자들이 선택할 수 있도록 했다. 각 언론사가 직접 편집한 뉴스 박스를 이용자가 네이버 메인에서 선택해서 볼 수 있도록 했다. 사용자가 언론사를 선택하면 순차적으로 언론사별 뉴스 박스가 화면에 나타난다. 해당 기사를 클릭하면 네이버 화면이 아니라 각 언론사 사이트로 들어간다. 네이버는 ‘폐쇄적’이라는 비판을 피하고 각 언론사는 트래픽을 유입한다는 절묘한 수였다.

　네이버의 뉴스캐스트 도입 1주일 만에 온라인 미디어 시장은 격변하기 시작했다. 네이버는 뉴스캐스터 서비스 후 뉴스 분야 방문자 수가 30% 가까이 급격하게 줄어들었다. 그리고 네이버의 자리를 위협해오던 다음의 뉴스서비스가 1위로 올라섰다.

　반면 언론사 닷컴의 순위는 갑자기 급상승했다. 조선일보는 일주일 만에 방문자 수가 598%, 오마이뉴스는 239% 성장했다.

　전체적으로도 2008년 12월 47개 언론사들의 순방문자수(UV, Unique Visitor)는 1주일에 4,400만 건에 그쳤지만 2009년 11월에는 2억 건이 넘었다. 354.7%나 증가한 셈이다.

　이와 함께 매일경제, 중앙일보, 한국경제 등의 사이트도 전체 인터넷 업체 순위 10~20위에 오르내리는 등 급상승했다. 네이버와 언론사 닷컴과의 관계를 재검토할 수 있다는 점에서 대부분 긍정적인 요소로 받아들였다.

트래픽이 크게 늘면서 언론사의 수익도 늘었다. 2008년 1~2월과 2009년 1~2월을 비교한 결과 한 언론사는 월 4,700만여 원 정도의 수익에 그치던 것이 뉴스캐스트 도입 이후 월 4억 5,000만여 원으로 무려 861% 가량 성장하는 기록을 남기기도 했다.

하지만 네이버 '뉴스캐스트'가 정착되고 1년이 되어 가자 점차 부작용이 나타나기 시작했다. 뉴스트래픽을 유입하기 위해 각 언론사 닷컴에서 기사의 제목을 선정적으로 달기 시작한 것이다.

네이버는 2010년 3월부터 뉴스캐스트 개편에 돌입했다. 각 언론사별로 볼 수 있었던 뉴스캐스트에 '톱뉴스', '정치', '경제', 'IT' 등 주제별 캐스트가 추가됐고 그것이 우선순위로 나타나게 됐다. 한 줄에 두 건씩 노출되던 기사가 '한 줄에 한 건'으로 제한됐다. 그 외에도 링크 대상이 톱뉴스일 때는 각 언론사 메인페이지로 고정됐다. 언론사가 첫 페이지에서 자동적으로 돌아가던 방식은 '각 언론사' 페이지에 들어가게 됐다.

즉 각 언론사가 자유롭게 편집할 수 있게 하던 방식을 바꿔 네티즌이 접근하기 다소 불편하게 만들어 놓은 것이다. 그러나 네이

네이버의 뉴스캐스트. 네이버 정책에 따라 기존 미디어는 울고 웃어야 했다.

버 메인 가운데 자리에 크기가 바뀐 것 없이 여전히 노출되고 있다.

그러자 각 언론사의 트래픽은 반 토막이 났다. 각 언론사는 트래픽이 반 토막 나자 긴급 대책회의를 갖고 트래픽을 끌어올릴 방안에 대한 대책회의를 하기도 했다. 네이버가 인터넷 포털 1위를 차지하고 이후 막강한 지배력을 갖기 시작한 2005년 이후 한국의 언론사는 네이버에 의해 왔다갔다 휘둘러진 셈이다. 네이버는 2010년 7월부터 초기화면을 기존캐스트홈, 검색홈, 데스크홈 3개로 개편하는 전략을 발표해 또 다른 파장을 예고하고 있다.

한국의 인터넷 문화가 네이버 중심으로 형성된 것도 부인할 수 없는 사실이지만 공공적 성격이 있는 한국의 신문·방송이 네이버에 휘둘린 것은 깊이 반성해야 할 일이다.

네이버의 경우 막강한 미디어 구실을 하면서도 구글과 달리 인위적으로 초기화면 정보를 배치해 신뢰성에 도전을 받고 있다.

한국 언론닷컴들은 네이버 독식 시장에서 활로찾기에 허덕이고 있다. 네이버 뉴스캐스트가 도입 됐을 때 겨우 생존의 발판을 마련하려다 다시 뉴스캐스트 개편으로 속앓이를 하고 있는 것이다. '신문 저널리즘', '온라인 저널리즘'에 대한 고민이 사치라고 느껴질 정도로 대형 포털 네이버에 휘둘리고 있는 한국 언론의 현실이다.

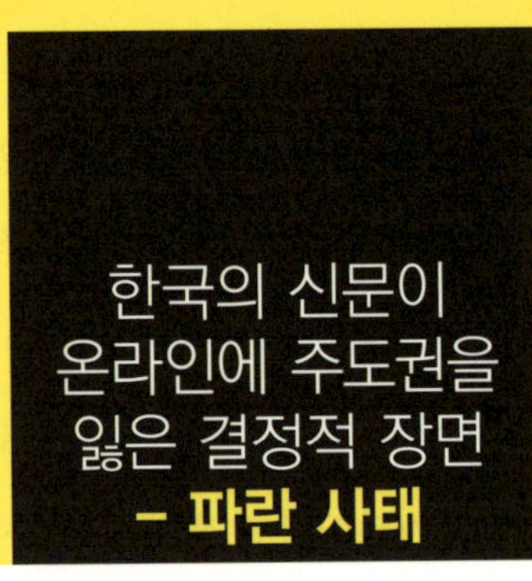

한국의 인터넷 포털 사이트는 2000년대 초반부터 정보의 '관문' 역할을 하며 발전을 거듭해왔다. 포털은 초기에 신문, 방송, 생활, 취미 등의 각 분야 정보를 쉽게 보여주는 '디렉토리'검색이 대세를 이뤘다.

한마디로 미국 야후식 모델이라 할 수 있다. 야후는 디렉토리 검색을 세계 최초로 선보이며 인터넷 포털의 대명사가 됐으며 외국에서는 알타비스타, 라이코스 등의 후발 포털을 탄생하게 했고 국내에서도 네이버, 다음, 야후코리아 등이 뒤따라갔다.

이후 2002~2003년 네이버와 다음은 인터넷 포털의 '비즈니스 모델'을 각각 다르게 해석하며 기나긴 승부를 시작한다. 네이버는 포털의 본원적 경쟁력이라고 할 수 있는 '검색'에 초점을 맞춘 반면 다음은 미디어로서의 포털에 집중하기 위해 '미디어 다음'을 만들어 차별화를 모색한다.

'인터넷 포털은 검색이 기본'이라고 생각했던 네이버는 자체 검색엔진 개발에 집중적으로 투자했으며 다음은 사람들이 모여 토론하고 의견을 개진할 수 있는 '아고라'를 출범시키는 등 미디어로서의 역할을 강화했다.

네이버와 다음은 2002년부터 각기 다른 비즈니스모델을 설정하고 다른 길을 갔지만 한 가지 공통점이 있었는데, 바로 '신문·방송' 즉 기존 올드 미디어와의 관계 정립을 제대로 해야 한다는 것이었다.

네이버와 다음은 포털이 경쟁력을 갖추려면 신뢰도 높은 정보가 있는 기존 언론과 제휴해야 하며 특히 신문은 '킬러 서비스'라고 보고 제휴를 가속화했다.

"다음이나 네이버 등 다른 포털에 기사를 안주면 월 1억 원을 지급하겠습니다."

그러나 2004년 KT의 자회사 KT하이텔(KTH)이 기존 한미르란 포털에서 '파란(Paran)'으로 새롭게 개편, 일간스포츠, 스포츠서울, 스포츠조선, 스포츠투데이, 굿데이 등 국내 5개 스포츠신문과 뉴스 콘텐츠 공급을 위한 계약을 맺으면서 미디어 시장에 일대 파란을 일으킨다.

KTH는 또 5개 스포츠신문과 기사 이용료로 각 사당 월 1억 원씩 지급하도록 하고 대신 네이버, 다음, 야후코리아 등 국내 상위 포털 5~6곳에 뉴스 공급을 중단하는 조건으로 계약을 맺었다. 포털 한 곳이 각 스포츠신문 회사에 지급하는 기사 이용료는 최고 월 1,000만 원 수준이었다. 당시로서는 파격적인 조건이었던 셈이다.

KTH는 포털 후발업체 이미지를 일거에 불식시키려는 의도로 파격적인 마케팅을 준비하면서 콘텐츠 확보를 위해 스포츠, 연예라는 클릭률 높은 콘텐츠를 보유한 스포츠 신문사와 독점 제휴를 맺은 것이다. 5대 스포츠지는 스포츠지 시장의 95% 이상을 장악하고 있었기 때문에 사실상 스포츠, 연예 뉴스는 파란을 통해야 볼 수 있는 틀을 마련했다.

KTH는 여기에 KTH의 광고 비용을 200억~300억 원 수준으로 책정하며 센세이션을 일으킬 조짐을 보였다. 특히 파란은 메일, 블로그, 홈피, 커뮤니티 등을 모두 한 곳에서 이용하는 원스톱(One Stop) 개인용 서비스를 제공하고 한미르의 지도와 전화번호를 결합한 지역검색을 업그레이드해 차별화된 서비스를 내놓는다는 전략을 마련했다.

당시 한미르 회원만 800~900만 명에 달했기 때문에 개인화 서비스와 스포츠 신문의 킬러 콘텐츠를 결합하면 파란은 출범하자마자 일약 네이버와 다음을 위협할 수준으로 올라갈 것으로 전망됐다.

그러나 결과적으로 5대 스포츠 신문과 파란의 콘텐츠 독점 제휴는 서로 설 땅을 잃어버리는 최악의 결과를 가져왔다. 파란은 네이버, 다음, SK커뮤니케이션즈(네이트, 싸이월드)에 이어 국내 시장 점유율 4위를 기록하고 있지만 상위 포털과의 격차가 너무 크고 점유율을 끌어올리기는커녕 구글의 추격을 받는 위치가 됐다.

2010년 1분기 실적도 매출 300억 원, 영업손실 4억 원, 당기 순손실 21억 원을 기록하며 예상치를 크게 하회한 실적을 기록했다. 경기침체로 인해 광고 매출이 줄고 있는 가운데 네이버나 다음보다 점유율이 떨어지는 파란에 더 큰 타격을 주고 있는 셈이다.

파란은 이후 거의 무료에 가까운 웹하드 서비스와 무료 SMS 서비스 등의 아이디어를 내놓고 있지만 시장에 미치는 영향이 미미했다.

스포츠지는 파란에 기사 독점 공급계약이 몰락을 재촉했다는 평가가 주류다. 2004년 5대 스포츠지의 파란 독점 계약 이후 오센(OSEN), 스타투데이, 스포탈코리아 등 스포츠, 연예 전문 온라인 뉴스가 속속 창간됐다. 빅파이브가 나간 자리를 온라인 뉴스가 채

파란닷컴, 스포츠지 콘텐츠 '독점' 즐겨찾기

5개 신문과 2년 계약 … 1개 사당 월 1억원씩 지급

2004년 07월 07일 (수) 10:41:19 　　　　　이김준수 기자 (jslyd012@mediatoday.co.kr)

5개 스포츠신문들과 기존 대형 포털사이트와의 결별이 가시화되고 있다.

오는 17일 오픈하는 유무선통합포털사이트 파란닷컴(www.paran.com) 운영사인 KTH와 스포츠신문들 콘텐츠 유통권을 지닌 콘텐츠 줄계회사 웹브라이트는 스포츠지 콘텐츠 공급 계약을 체결했다고 6일 밝혔다. 파란닷컴은 기존 포털사이트인 한미르와 하이텔을 통합한 사이트다.

계약조건은 상위 5위권 포털사이트(다음, 네이버, 야후코리아, 네이트, 엠파스)에 스포츠지들의 콘텐츠를 제공하지 않는 것을 뼈대로 하고 있다. 이에 따른 계약 금액은 2년간 총액 120억원으로 각 스포츠신문은 월 1억원씩의 콘텐츠 가격을 받게 된다. 기존의 대형 포털사이트 공급가인 1000만원선에서 10배 가량 인상된 수준이다.

계약서상에 5개 포털에 대한 뉴스공급 중단을 명시하지 않아 '독점'이란 단어는 없지만 스포츠지들이 다른 포털에 기사를 제공하려면 KTH와 미리 논의를 해야 하는 조항이 있다.

사이트 오픈 뒤 상위 5위권 진입을 목표로 하고 있는 파란닷컴으로서는 사실상 '독점'에 가까운 계약을 맺는 대신 콘텐츠 가격을 대폭 올려준 셈이다.

이에 따라 각 스포츠신문지와 웹브라이트는 조만간 대형 포털에 기사 공급 계약 해지 공문을 공식적으로 보낼 것이라고 밝혔다. 다만 다음 이재웅 사장의 지분이 있는 일간스포츠의 경우 앞선 5개사 콘텐츠 회의에서 다음에는 기사를 제공한다는 부분에 대해 협의한 것으로 알려졌다. 이번 계약과 관련, 파란닷컴측과 스포츠신문들은 '콘텐츠 제값받기' 차원의 계약이라는 점을 강조했다.

파란의 스포츠지 독점 계약 체결. 인터넷에 맞선 올드 미디어의 몰락을 가져왔다.

운 셈이다. 오센 등은 전직 스포츠 신문 기자들로 구성돼 질적 수준도 높았다.

네티즌들은 스포츠지가 네이버와 다음을 빠져나갔지만 허전함을 느끼지 못했다. 스포츠 신문이 분석 기사와 스트레이트 등에서 온라인 신문을 압도했던 것은 사실이지만 근본적으로 '종이신문' 중심의 기사를 쏟아냈다. 더구나 스포츠지 5개가 사실상 비슷비슷한 뉴스를 쏟아 내 5개를 독점 공급하는 것에 대한 효과가 반감됐다.

예를 들어 SK와 두산의 한국시리즈 경기를 하게 되면 스포츠지 5개는 모두 같은 스코어와 감독 인터뷰, 그 날의 MVP, 객원 해설위원의 시각 등을 활자화하게 된다. 스포츠신문들은 이를 그대로 온라인으로 옮겼다. 때문에 파란을 통해 스포츠 신문을 봐도 어느 신문 기사인지 구분을 할 수 없었다.

그러나 인터넷 신문은 재빠르게 인터넷 속성에 맞는 기사를 쏟아냈다. 실시간으로 변하는 스코어를 기사화했으며 온라인 댓글을 활용, 기사에 반영하기도 했다. 이는 종이신문 중심의 기사 생산을 수십 년간 해왔던 기존 스포츠지들에게 익숙하지 않은 형식이었다.

네이버와 다음은 2006년 월드컵을 기점으로 스포츠지에 의존하지 않고 아예 자체 서비스를 개시했다. 다음은 축구협회와 제휴를 맺고 축구 국가대표 경기를 생중계 했으며 네이버도 유명 블로거와 제휴해 축구는 물론 야구 등 주요 스포츠 소식을 전했다. 이를 통해 신문 기자들이 생산하는 단편적 뉴스보다 깊은 콘텐츠를 제공할 수 있었다.

결국 5대 스포츠 신문사의 파란 독점 제휴는 온라인 신문의 잇따른 창간과 스포츠, 연예 전문 블로거의 양산이라는 새로운 비즈니스 모델을 탄생하게 해준 셈이다. 그 결과 후발 스포츠 신문사 굿데이(경향신문 발간)와 스포츠투데이(국민일보 발간)는 폐간에 이르렀으며 1, 2위 스포츠 신문을 다투던 일간스포츠는 한국일보에서 중앙일보로 경영권이 넘어갔고 스포츠 서울도 경영권이 여러 차례 바뀌는 우여곡절을 겪었다.

신문업계는 이를 '파란 사태'로 부를 만하다. 종이신문 중심으로 기사를 쓰던 신문사가 온라인 미디어를 이해하지 못하고 내린 결정이었기 때문이다. 신문사는 온라인 시장에서의 아날로그식 담합은 몰락을 가져온다는 교훈을 얻었다.

특히 신문에 공급하는 방식인 '5~6매 스트레이트 중심의 기사'와 '9~10매 안팎의 박스 기사'는 온라인에서 효율적이지 못하다는 것을 증명했고, 오히려 '클릭수'를 높여주는 자극적인 기사가 횡행하는 결과도 낳았다.

더구나 소위 '파란 사태' 이후 신문 등 올드 미디어의 비즈니스 모델이 붕괴하고 있으며, 콘텐츠의 가치가 제대로 인정받지 못하는 현실은 여전히 극복하지 못하고 있다.

"2009년은 신문과 방송 겸영의 물꼬가 트이고 방송의 다양한 매체가 새로운 질서를 준비하는 미디어 혁명의 해가 될 것입니다."(최시중 방송통신위원장)

미디어 혁명, 미디어 빅뱅의 시대가 시작됐다. 인터넷TV(IPTV)라는 새로운 미디어 플랫폼이 출현했고 종합편성 전문채널(PP)의 등장도 예고되고 있다. 미디어의 개념도 바뀌고 있다. 과거 미디어는 하나의 권력이자 단방향으로 정보를 전달하는 '하드웨어'의 의미였다. 최근 들어 미디어의 개념은 다른 매체와 컨버전스(융합)를 통해

81

양방향으로 소통하는 '소프트웨어'로 바뀌고 있다.

또 신문과 방송의 '채널' 중심으로 미디어가 움직였다면 '콘텐츠' 중심으로 미디어 시장이 재편되고 있다. 신문과 방송 외에 인터넷, IPTV 등 다양한 미디어 플랫폼이 생겨나면서 콘텐츠를 가진 쪽이 미디어의 중심 세력으로 부상하는 상황이다.

미디어 빅뱅의 핵심은 신문과 방송의 겸영과 대기업 자본의 미디어 진출이다. 방송사에 대한 소유구조가 완화된다. 방송법 개정안은 신문과 대기업이 지상파 방송은 20%, 종합편성PP는 30%, 보도PP는 49%까지 지분을 소유할 수 있도록 하고 있다.

정병국 한나라당 미디어산업발전특위 위원장(2009년 당시)은 "방송법 개정안은 불필요한 규제를 최소화하면서 미디어산업 전반의 활력을 불러일으키는 데 초점을 두고 있다"며 "새로운 자본의 유입을 통해 국제 경쟁력을 갖춘 글로벌 미디어 기업의 탄생을 기대한다"고 도입취지를 밝혔다.

실제로 세계 미디어 기업들은 인수합병과 수직-수평 통합으로 몸집을 키워나가고 있다. 1999년 바이어컴과 CBS의 800억 달러 규모 합병, 2000년 AOL과 타임워너의 3,500억 달러 규모 합병 등 1995년 이후 세계 미디어 기업 간 합병이 활성화되고 있다.

이러한 합병의 이면에는 콘텐츠가 자리 잡고 있다. 아날로그 패

최시중 방송통신위원회 위원장은 신문, 방송, 인터넷 등 언론의 구조개편 계획인 미디어 빅뱅의 시작을 예고했다.

러다임에서 신문과 방송이 콘텐츠를 지배했다면, 디지털 패러다임에서는 콘텐츠가 신문과 방송을 지배하는 시대가 된 것이다. 몸집이 커져야 막대한 예산을 들여 우수 콘텐츠를 제작하는 것이 가능해지고, 또 이를 다양한 유통채널을 통해 배급할 수 있게 된다.

우수한 경제 콘텐츠를 확보하기 위해 호주 출신 언론 재벌인 루퍼트 머독이 이끄는 뉴스코퍼레이션은 〈월스트리트저널〉을 56억 달러에 사들이기도 했다. 야후, 구글, 유튜브, 이베이 등 기존 독립적인 인터넷 회사들도 미디어의 영역으로 편입되고 있다. 이들이 콘텐츠를 가지고 있는 기업이기 때문이다. 국내도 네이버와 다음 등 인터넷 포털 등을 미디어의 잣대로 놓고 규제해야 한다는 얘기가 한창 논의되고 있다.

미디어 기업의 구조적 변화는 콘텐츠를 둘러싼 미디어 기업 간 네트워크 구조 변화로 이어지고 있다. 2000년에는 네트워크를 형성하지 못했던 야후, 구글, 이베이 등 뉴미디어들이 2005년 이후 애플, 바이어컴, 소니에릭슨 등과 함께 미디어 간의 네트워크의 중심으로 부상하고 있다. 미디어 간 관계가 재정립되고 있는 상황이다.

인쇄매체는 갈수록 네트워크에서 고립되어 가고 통신 회사들은 상대적으로 네트워크 주변에 머물고 잇다. 미디어 콘텐츠의 초국가적 유통으로 전 세계적 경쟁력을 확보할 수 있는 대형 미디어 그룹들이 경쟁력을 지니게 된 것이다.

글로벌 미디어 기업의 등장으로 타임워너와 월트디즈니, 뉴스코퍼레이션, 베텔스만, CBS 등 5대 미디어 기업이 세계 문화산업에서 10.2%의 시장점유율을 기록하며 미디어 시장을 주도하는 상황이다. 반면 국내 미디어 기업의 경쟁력은 미흡하다.

세계적 컨설팅회사인 PWC 조사에 따르면 2007년 세계 조선 산업 규모는 1,185억 달러, 휴대폰 산업은 1,725억 달러, 메모리 산업은 590억 달러로 집계됐다. 이들 산업에서 우리나라가 차지하는 비중은 각각 41.05%, 21.1%, 43.1% 등으로 우리 경제를 먹여 살리는 든든한 일군이다. 그러나 방송산업은 이들 세 산업을 합친 것보다 훨씬 큰 3,537억 달러 규모인데 불구하고 우리나라의 시장점유율이 2.1%에 불과하다. 시장은 있는데 우리가 기회를 찾지 못하고 있는 실정이다.

미디어와 엔터테인먼트 사업의 시장점유율은 전 세계 경제의 약 3%를 차지하는 것으로 추산된다. 퓨처 익스플로레이션 네트워크의 2006년 조사 결과, 세계 TV 방송시장은 방송 분야에서 연평균 6.7% 증가해 2012년에는 2,579억 달러, 유통 분야에서 연평균 8.6% 증가해 2012년에는 2,715억 달러에 도달할 전망이다.

새로운 미디어 플랫폼의 등장

IPTV라는 새로운 미디어 플랫폼의 등장도 '빅뱅' 요인 가운데 하나다. 2009년부터 본격화된 지상파 실시간 방송을 포함한 IPTV 상용화 서비스는 KT와 SK브로드밴드, LG데이콤 등 통신사 3곳이 주도하고 있다. 미디어의 영역에 통신 회사들이 본격적으로 진출한 것이다.

IPTV는 2006년 7월 하나로텔레콤(현 SK브로드밴드)에 의해 VOD(주문자형비디오) 방식의 프리-IPTV로 서비스가 시작된 이후 2007년에 KT와 LG데이콤이 서비스를 시작했다. 2009년 11월 KT가 최초

로 상용서비스를 시작한 이래 올해부터 SK브로드밴드와 LG데이콤
이 여기에 동참하면서 본격적인 IPTV 시대가 열렸다.

IPTV는 기존 지상파와 위성방송(스카이라이프), 케이블TV와의 치
열한 미디어 다툼을 예고한다. 특히 디지털 케이블TV를 통해 IPTV
와 유사한 서비스를 제공하는 SO(종합유선방송사업자)들은 벌써부
터 요금경쟁을 벌이고 있다. 2008년 1,500만 명 케이블TV 가입자
가운데 디지털케이블TV 가입자는 200만 명 수준이다. 2009년에는
이것이 300만 명 가량으로 늘었다. IPTV 사업자들은 2010년 4월 가
입자 200만 명을 달성했다. 결국 IPTV 사업자와 케이블TV 업계와
의 한판 승부가 예상되는 상황이다.

통신 업계가 미디어로 향하는 것과 반대로 미디어인 케이블TV 업
계는 통신 시장 진출을 준비 중이다. 정부가 와이브로 신규 사업자
를 2010년 중으로 선정할 예정인 가운데 SO들이 컨소시엄 형태로
와이브로 시장에 진출하는 방안이 검토되고 있다. 길종섭 한국케
이블TV방송협회 회장은 "통신사들의 방송시장 진입으로 치열한 경
쟁이 예상되고 있다"며 "무선이동통신서비스 진출이라는 새로운 성
장동력 발굴을 통해 상품을 다양화하겠다"고 밝혔다.

종합편성PP의 등장도 이슈가 되고 있다. 종합편성PP는 지상파
방송과 똑같이 뉴스, 연예, 오락, 시사, 교양 등의 다양한 프로그램
을 자율적으로 편성해 방송할 수 있는 채널이다. 지상파 방송이 지

IPTV는 대표적인 방송통신 융합 미디어가 되고 있다.

상파를 이용하는 반면 종합편성PP는 케이블이나 IPTV 망을 이용한다는 것만 차이가 있다. 사실상 SBS에 이은 제2민영방송이 탄생한다는 얘기다.

인터넷은 이미 뉴미디어 대표 플랫폼이 됐다. 때문에 집권 여당인 한나라당은 법률 개정을 통해 인터넷 포털을 미디어로 규정하려 하고 있다. '신문, 방송, 잡지 등의 기사를 인터넷을 통해 계속적으로 제공·매개하는 전자간행물'을 인터넷뉴스서비스로 정의해 이를 언론의 하나로 규정하겠다는 것이다.

방송 광고 시장의 변혁

방송광고 시장도 2010년 큰 폭의 변화를 맞을 전망이다. 헌법재판소의 헌법불합치 결정에 따라 한국방송광고공사(코바코)의 독점적 위치가 해체됐다. 이에 따라 민영미디어렙(광고판매대행사)이 새롭게 등장해 광고시장에서 경쟁체제가 도입될 전망이다. 국회 공전으로 2010년까지 법 처리가 유보되고 있지만 2010년에는 결론이 날 전망이다.

뉴미디어의 지속적인 등장으로 방송광고 매출은 지속적으로 감소추세다. 2002년 2조 4,000억 원이던 방송광고 매출은2007년 2조 1,000억 원으로 13.7% 감소했다. 2008년에는 전년보다 2,100억 원 감소해 1조 원대로 추락했다. 방송광고 시장이 위축되는 가운데 민영미디어렙이 도입되면 단순히 광고 시장에 영향을 주는 것이 아니라 미디어산업 전체를 뒤흔들 가능성이 높다. MBC의 경우 공영과 민영을 선택하는 잣대로 작용할 가능성이 높다.

제작비 상승과 광고시장 정체가 고착화될 경우 지상파 콘텐츠 제작 기반의 붕괴가 심화될 수 있다. 지상파가 1차 유통에서 드라마 제작비를 회수할 수 없는 구조가 되는 것이다. 이에 따라 자체 제작보다는 외국 드라마 구매 편성이 크게 늘어날 것으로 예상된다.

대만의 경우 케이블 시장의 급성장으로 지상파가 몰락하면서 자국 콘텐츠 제작 기반이 붕괴되는 위기를 경험한 적이 있다. 1998년 지상파에 비해 15분의 1 규모였던 케이블TV는 2003년 지상파보다 3.7배 큰 규모로 성장했다. 지상파가 2000년 이후부터 마이너스 성장을 기록하면서 자체 콘텐츠 제작 기반이 무너지고 케이블을 중심으로 해외 콘텐츠 유통이 주류를 이루는 변화를 겪게 된 것이다.

특히 민영미디어렙에 이어 지상파의 중간광고와 간접광고가 허용되는 등 각종 규제가 풀리면 신문, 방송, 뉴미디어 등 매체 간 생존 경쟁과 업종 간 주도권 다툼은 더욱 치열해질 것으로 예상된다. 새로운 미디어에 진출하는 것 자체가 수익을 보장하던 시대는 이제 오지 않고 국내 시장에만 급급하던 시대도 이미 지났다고 봐야 한다.

언론노조가 2009년 초 파업에 나선 것도 이러한 급변하는 미디어 상황을 우려한 것으로 보인다. 언론노조는 한나라당 법안 저지와 함께 민영미디어렙 도입 등을 반대하고 있다.

현재 광고 대행사인 코바코(Kobaco) 독점 광고영업 체제는 1980년 언론통폐합 이후 28년 동안 유지되어 왔다. 사실상 현재의 지상파 방송사의 구도를 유지하는 물적 토대였다. 특히 광고주단체의 반발에도 불구하고 유지해온 패키지 판매, 이른바 '끼워팔기'는 메이저 방송사의 광고 독주를 견제하고 지역방송과 취약매체에 광고를 원활하게 제공하는 제도적 완충 장치로 존재해 왔다. 그러나 현재의 판결로 정부는 2009년까지 관련법 개정을 통해 독점구조를 해소하고 민영미디어렙을 도입해야 한다.

이와 함께 중간광고 허용과 광고총량제 실시 등 광고와 관련한 여러 규제들도 2010년에는 점차 완화될 전망이다. 이를 계기로 공영과 민영방송의 규정에 대한 논란, 지상파 MBC와 KBS2 민영화 논의 등이 본격화될 가능성이 있다.

방송의 디지털 전환도 변화의 큰 축이 될 것으로 보인다. 2012년 아날로그 방송 종료에 맞춘 정부의 디지털전환 시나리오가 공개됐다. 방송통신위원회는 방송장비의 디지털화와 HD 프로그램 제작 등에만 2009년에 7,500억여 원(지상파 3,488억 원, 케이블 4,074억 원)을 투자했다.

걸음마 단계의 국내 방송시장

아날로그 패러다임에서는 플랫폼이 콘텐츠를 지배했지만 디지털 패러다임에서는 콘텐츠에 의한 플랫폼 지배현상이 강화될 것으로 전망된다. 이러한 현상으로 인해 디지털 환경에서는 교차 플랫폼 콘텐츠와 같은 콘텐츠 우위 시대가 개막되는 것이다.

미디어 콘텐츠가 인터넷이나 UCC 등 다른 채널들을 통해서도 수용자에게 소비됨으로써 '롱테일 법칙(발생량이 적은 부분이지만 상대적으로 중요도가 높아지고 있는 현상)'이 여기에도 적용되고 있다.

소비자들은 미디어가 제공하는 콘텐츠를 소비하는 단계를 넘어 적극적으로 세계 곳곳에서 생산되는 콘텐츠를 찾아서 소비하고 있다. 즉 미디어 콘텐츠의 초국가적 유통이 활발해지고 있다는 얘기다.

시청자들의 미디어 수용행태가 변화하면서 정해진 스케줄에 따라 정기적으로 편성되는 채널을 보던 것에서 벗어나 'anytime, any-where, any contents(언제 어디서나 원하는 콘텐츠)'를 볼 수 있는 시청자 주문형으로 바뀌고 있다. 동일한 콘텐츠를 다양한 매체를 통해 볼 수 있으므로 수용자의 채널과 미디어 충성도는 낮아지고, 수용자의 선택이 콘텐츠 중심으로 이루어지고 있는 것이다.

이러한 상황에서 지상파 방송은 심각한 위기를 맞고 있다. 기술 발전으로 새로운 미디어가 출현하고 콘텐츠를 송출할 수 있는 채널 수가 늘어나고 있다. 국가 간 시장개방을 유도하는 방식으로 정책이 바뀌면서 미디어 수용자들도 세분화·양극화되고 있다.

반면 국내 콘텐츠 제작 환경은 갈수록 어려워지고 있다. 독립제작사의 지상파 프로그램 외주제작비 규모는 지상파 직접제작비의 32.8% 수준이다. 케이블TV에서도 국내 PP(채널사용공급자) 매출 가운데 방송관련 수익은 26%에 불과하며 홈쇼핑이나 유사 홈쇼핑 매출이 절대 다수를 차지하는 기형적인 구조다. IPTV와 포털 미디어,

기타 유료방송 등 신규매체들도 아직은 새로운 콘텐츠 제작에 투자하기보다는 기존에 제작된 콘텐츠를 재가공해서 유통하는 역할에 치중하고 있다.

문제는 국내 콘텐츠 제작사의 취약성으로 대규모 투자가 필요한 대형 프로그램 제작이 어려운 상황이다. 새로운 패러다임의 콘텐츠산업 구조 마련을 위해 콘텐츠 제작뿐 아니라 유통을 활성화시킬 수 있는 지원방안과 정책들에 대한 적극적 검토가 필요하다. 저작물의 불법복사와 저작권 침해 문제 역시 심각하다. 최근에는 포화 상태인 광고시장과 저가 이용료 구조로 인한 유료방송시장의 한계가 드러나고 있다. 많은 제작비를 들여 제작한 콘텐츠를 고가에 매입해줄 수 있는 유료채널들이 많지 않고 수익이 높은 채널들조차도 고가의 콘텐츠 구매와 제작에는 소극적인 상황이다.

콘텐츠 수출의 길도 한계에 부딪혔다. 현재 콘텐츠 수입가는 수출가의 평균 1.5배 수준이다. 수출국은 한류가 많이 확산된 일본과 중국, 동남아시아 국가들인 반면 수입은 프로그램 단가가 비싼 미국에서 대부분 구매하기 때문이다. 애니메이션 수출단가는 드라마의 4배에 달할 정도로 높지만 최근에는 좋은 시나리오와 제작자 부재로 경쟁력 있는 콘텐츠로 제작되지 못하고 있는 실정이다.

국내에서 1년 동안 제작되는 드라마 편수는 평균 100종에 불과하다. 100종의 드라마가 평균 20회 정도 제작되어 평균 2만 달러에 최소 해외 2개국에 모두 판매되는 상황을 가정해도 연간 드라마 수출액은 8,000만 달러 수준이다.

국내 방송산업 발전의 장애요인

국내 방송산업의 발전을 가로막는 가장 큰 원인은 협소한 국내 시장이다. 국내 시장은 미국의 18분의 1 수준에 불과하다. 한국 드라마 20회를 제작하는 비용으로 미국은 1회분을 제작한다. 이러한 불균형 상황에서 우리가 국제적인 경쟁력을 키우기는 쉽지 않다. 이에 따라 국내 방송산업 육성을 위해서는 방송시장 규모를 확대하는 거시적인 정책이 필요하다. 글로벌 대형 제작사가 육성되지 않고서 세계 100대 방송사에 들기는 어렵다. 지상파의 제작역량을 활용해 국제 경쟁력을 갖춘 세계적인 미디어 그룹 육성이 시급한 과제다.

유료 방송의 저가 수신료도 문제다. SO가 거둬들이는 수신료가 PP에게 적절하게 분배되고, 이를 기반으로 양질의 콘텐츠가 제작되는 선순환 구조가 정착되어야 하는데 아직도 여기에 미흡하다. 취약한 유통구조와 불법복제의 만연도 문제다. 제한된 광고시장 규모에서 제작비가 급격히 오르면서 저작권 분배 문제가 대두되는 상황이다.

하지만 기회는 있다. 신규 콘텐츠 시장이 성장하는 것이다. 인터넷과 TV, 모바일 등의 결합으로 IPTV, TV포털, 온라인TV, 모바일TV 등 새로운 형태의 융합서비스 콘텐츠시장이 성장하고 있다. IPTV는 저렴한 비용으로 상호작용 서비스와 VOD(주문자비디오) 서비스 등이 가능해진다. 온라인TV는 초고속인터넷의 확산으로 콘텐츠의 보관과 전송에 대한 비용이 감소하면서 개인 중심의 대표적인 융합서비스로 성장할 것이다. 개인-이동 미디어 시대에 모바일 TV는 이동성과 콘텐츠의 접근성을 향상시킴으로써 융합서비스의 새로운 틈새시장 역할을 담당할 것으로 예상된다.

신규 콘텐츠 시장 가운데 양방향 디지털 미디어 시장의 주도권을 놓고 향후 IPTV와 디지털 CATV의 한 판 승부가 예산된다. 기능적 측면에서는 IPTV가 앞선 것으로 보이지만 서비스 요금과 채널 등 경쟁력 측면에서는 디지털 CATV가 우세한 것으로 분석된다.

최근 월 1만 원 대 이하 디지털 CATV 상품이 등장하는 등 향후 인터넷-방송-전화의 결합상품 경쟁에서도 디지털 CATV의 우세 가능성이 있다. 채널 측면에서도 IPTV가 30~40개인 반면 디지털 CATV는 100개가 넘는다. IPTV는 생존을 위해 경쟁력을 갖추기 위해 PC와 휴대폰 등 3스크린 서비스를 제공하는 환경으로 이행하고 있다. 이를 통해 디지털 케이블과의 차별화와 경쟁력을 갖추겠다는 것이다.

　한때 대한민국은 '싸이'에 미쳤었다. 싸이홀릭이라는 말이 생겼고 곳곳에는 싸이질을 하는 싸이폐인들이 넘쳐났다. 여전히 사람들은 인터넷에서 누군가를 검색할 때 싸이월드 미니홈피를 가장 먼저 찾는다. 싸이월드를 이용하는 사람은 2,000만 명이 넘고, 싸이월드는 매달 100억 원이 넘는 도토리를 팔아치우고 있다.

　하지만 이는 수년 째 멈춰선 기록이다. 한 때 전 세계 모든 인터넷 업체들이 한국을 방문하면 빠지지 않고 찾아가던 곳이 정책의 늪에 빠진 이유는 무엇일까.

현재 SK커뮤니케이션즈에는 싸이월드의 창업멤버들이 모두 남아 있지 않다. 비교적 일찍 자리를 뜬 형용준 창업자부터 이동형 런파이프 사장, 이람 NHN 이사, 박지영 넥슨노바 실장, 신병휘 네오위즈인터넷 이사 등 창업멤버들을 이제는 싸이월드에서 찾아볼 수 없다.

싸이월드는 대성공을 거두었고 아이러니하게 그 성공공식이 싸이월드 재성장의 발목을 잡았다는 지적이다.

싸이월드의 창업, 그리고 미니홈피로의 변신

형용준은 1998년 피플스퀘어(peoplesquare.com)라는 사이트를 만들고 일촌 관계를 인터넷에 처음 도입했다. 당시에는 아이러브스쿨이 선풍적인 인기를 끌며 온라인 인맥 쌓기와 인맥 찾기에 대한민국 네티즌이 빠져 있을 때였다. 형용준은 1999년 9월 카이스트 테크노경영대학원 인터넷 동아리 EBIZ클럽 멤버들과 함께 싸이월드라는 이름의 회사를 만들었다. 피플스퀘어라는 사이트를 'cyworld.com'으로 바꾼 것도 이 때다.

싸이월드는 이 시기 형용준 사장과 정태석 사장의 공동대표 체제로 운영됐다. 싸이월드가 초기에 지향했던 것은 클럽서비스. 다

음 카페와 아이러브스쿨이라는 쟁쟁한 경쟁자가 존재했으며 전재
완 사장이 이끄는 프리챌 역시 무시무시한 속도로 대학가에 파고
들던 시기였다.

결국 형용준 사장은 2000년대 초반 자신이 창업했던 싸이월드
를 떠나 제2의 도전을 하게 되고 싸이월드의 바통은 이동형 사장
이 넘겨받게 된다.

이동형 사장이 이끌던 싸이월드는 채팅기능, 온라인 투표(Poll) 서
비스, 공개형 게시판 등 커뮤니티 포털로 대대적인 변신을 꾀했으나
이름을 알리는 데는 큰 성공을 거두지 못했다.

싸이월드가 대대적인 성공을 거둔 것은 클럽 중심의 서비스에서
개인 홈페이지로 서비스를 전환하면서부터다. 2001년 이람, 박지영
등이 주축이 돼 미니홈피 프로젝트가 가동됐고 미니홈피, 미니미,
미니룸과 같은 싸이월드 미니홈피 서비스가 시작된다. 싸이월드는
인터넷 공간에서 자신을 꾸미고 싶어 했던 네티즌들의 감성을 파고
들며 2002년부터 서서히 입소문을 내기 시작한다.

2003년 다음을 위협하던 막강한 경쟁사 프리챌의 유료화 선언으
로 가입자들이 동요하는 조짐을 보이자 싸이월드는 발 빠르게 평생
무료화를 선언한다. 물론 도토리를 판매하며 미니홈피 꾸미기 아이
템을 판매하는 수익모델이 있지만 '기본 서비스를 이용하는 것은 무
료'라는 마케팅은 네티즌의 공감대를 얻기에 충분했다.

하지만 날이 갈수록 늘어가는 가입자와 가입자들이 올려대는 막대한 콘텐츠들은 벤처기업인 싸이월드가 견디기에 힘들었다. 갈수록 느려지는 서비스조차 '느림의 미학'으로 인내하던 가입자들이었지만 막대한 서버비용을 감당하지 못했던 경영진은 결국 회사 인수라는 카드를 선택하게 된다. 결국 싸이월드는 2003년 네이트와 라이코스를 거느리고 있던 SK커뮤니케이션즈로 인수된다.

싸이월드를 인수하는 과정에서의 핵심인물인 유현오 SKT 상무는 2004년부터 SK컴즈의 대표로 자리를 옮긴다. SKT라는 막강한 후원자를 확보한 싸이월드는 2004년 곧바로 모바일 싸이월드를 선보이며 그룹 내 시너지 효과를 창출하려는 모습을 보인다. 모바일 싸이월드는 아이폰이 도입되기 이전까지 가장 성공한, 그리고 유일하게 성공한 모바일 서비스로 평가받을 정도로 싸이 페인들의 높은 지지를 받게 된다.

이후 싸이월드는 배경음악 서비스, 메신저 네이트온과의 연계 등을 통해 포트폴리오를 확충했으며 2005년에는 일본, 미국, 대만 등으로 영역을 확대해 나간다. 2001년 시작된 미니홈피 서비스가 절정을 맞은 것도 이 즈음이다.

밤새 '싸이질'을 하느라 뜬눈으로 밤을 샌 네티즌들을 일컫는 싸이페인이 되기 위해서는 최소 하루 10시간 이상 싸이월드를 꾸미고 일촌들의 미니홈피를 방문하고 방명록을 달아야 했다.

싸이월드는 원조 SNS라는 자부심으로 미국 진출을 노렸다. 사진왼쪽부터 마이클 스트리플렌드 SK커뮤니케이션즈 전 부사장, 유현오 전 대표, 헨리 전 싸이월드 미국 대표.

2004년 삼성경제연구소가 꼽은 올 해의 히트상품 1위로 당당히 싸이월드가 선정됐으며 마이스페이스, 페이스북 등 미국 SNS 서비스의 강자들도 모두 싸이월드에서 영감을 얻었다고 고백할 정도였다. 특히 도토리라는 가상화폐와 디지털 아이템 판매라는 사업모델은 유료화 사업모델을 찾지 못했던 해외 인터넷 업체들에게는 메시아의 메시지와도 같았다.

하지만 싸이월드는 2006년부터 정체의 길을 걷게 된다. 그동안 자신을 공개하는 데 열심이었던 네티즌들은 일제히 미니홈피의 대문을 닫았다. 일상의 공유라는 미덕으로 시작한 싸이월드가 관음증과 사이버 스토킹이 넘쳐나는 공간으로 바뀌었다. 이용자들은 여전히 싸이월드에 많은 것들을 담아두고 있지만 이를 알리는 데 이전처럼 자유롭지 못했다.

2005년 인터넷을 덮친 개똥녀 파문과 이어진 네티즌 수사대의 출범은 인터넷 공간에 사생활을 올리는 일이 생각보다 안전한 일이 아니라는 사실을 모두에게 일깨워준다. 열린 공간이었던 미니홈피가 어느새 닫힌 정원으로 바뀌는 일은 순식간이었다.

더 큰 문제는 싸이월드 내부에 있었다.

SK로 인수 후 싸이월드의 해외사업을 총괄했던 이동형 런파이프 대표는 "싸이월드가 절정을 맞이한 때가 2004년인데 당시에는 프리챌과 같은 강자들의 틈바구니에서 경쟁을 강요당하는 실정이었다. 이 때문에 강자들의 약점을 파악하고 자신의 약점을 보강하는 식으로 계속 진화했고 한국의 지배적인 서비스로 자리 잡게 됐다"고 싸이월드의 성공 과정을 설명했다.

하지만 아이러니하게도 이 같은 싸이월드의 성공공식이 싸이월드의 발목을 잡게 된다.

"더 이상 경쟁자가 없는 안락한 상태가 되자 진화의 필요성을 느끼지 못하게 됐습니다. 한국시장만을 바라본 좁은 시야 탓에 싸이월드는 글로벌 서비스로 성장하지 못했습니다. 많은 외국의 SNS들이 싸이월드를 방문해 싸이월드의 강점과 약점을 분석해갔습니다. 결국 미국에서는 싸이월드보다 한 단계 더 진화한 서비스들이 들어섰지요. 싸이월드 내부에서도 이러한 사실을 잘 알고 있었습니다. 하지만 약점을 보강하는 일이 쉽지만은 않았습니다. 이용자의 요구를 만족시켜주기 위해서는 싸이월드 전체 판을 바꾸는 대 모험을 해야 했으니까요. 싸이월드가 페이스북이 될 수 없는 이유였지요."

싸이월드의 또 다른 한계로 지목되는 것은 바로 모회사인 SK텔레콤의 족쇄였다. 같은 IT기업이라고 하더라도 매출 10조 원이 넘는 회사를 운영하는 방식이 1,000억 원을 바라보는 회사와 같을 수는 없다. 하지만 싸이월드가 의사결정을 내리기 위해서는 SKT의 최종적인 결정이 있어야 했고 그것을 기다리기에는 인터넷 산업의 속도가 너무 빨랐다.

모험을 벌이기 어려운 구조가 된 것은 더욱 큰 문제였다. 벤처기업이 아닌 대 기업의 자회사가 되어버린 싸이월드가 새로운 성장동력을 찾아내지 못한 것은 어찌 보면 당연한 일이다.

결국 싸이월드의 해외 사업은 모두 재조정이 되었고 싸이월드의 성공신화를 이룩했던 유현오 사장을 비롯해 이동형, 이람, 박지영, 신병휘 등 쟁쟁한 멤버들은 모두 싸이월드를 떠나 새로운 도전에 나섰다. 이들 중에는 여전히 제2의 싸이월드를 꿈꾸며 SNS 사업을 진행하는 사람도 있으며 또 다른 사람들은 게임과 같은 전혀 새로운 사업에 진출한 이들도 있다.

2009년에야 싸이월드는 벤처기업으로의 재변신을 선언한다. 새로운 벤처기업들과 상생생태계를 만들고 싸이월드를 닫힌 정원이 아닌 또 다시 열린 광장으로 바꾸려는 시도가 진행되고 있는 것이다. 지금까지의 성과가 가시적이지는 않지만 싸이월드가 뒤늦게 제 갈 길을 찾아가고 있다는 평가만큼은 정당하다.

“신문법과 방송법은 표결 과정에서 일사부재의 원칙에 어긋나는 등 위법성이 나타났다. 그러나 이를 바로잡는 책임은 국회에 있다. 신문법과 방송법의 법적 효력은 인정된다.”

헌법재판소는 2009년 10월 29일 한국의 신문, 방송 등 미디어 역사에 남을 만한 판결을 한다. 국회에서 통과된 미디어법(신문법, 방송법, IPTV법)이 절차상에는 위법 상황이 있었지만 법 자체는 문제가 없다는 판결을 내리고 법적 효력을 인정한 것이다.

이에 따라 미디어법은 2009년 11월 1일부터 효력이 발생했다.

2009년 미디어법의 통과는 여당(한나라당)과 야당(민주당 등), 보수와 민주(진보) 세력의 싸움에서 수적 우세를 앞세운 보수 세력이 명목상 승리했다는 것만을 의미하지 않는다. 미디어 업계의 오랜 논쟁 사항인 '공익성'과 '산업적 역할' 사이에서 '산업'으로서의 미디어가 2009~2010년의 시대적 요구로 받아들여진 것이다.

"2009년은 한국 언론사에 있어 혁명의 해라고 생각한다. 이 무거운 일을 감당할 수 있을 것인가 늘 생각하고 있다"

최시중 방송통신위원회 위원장은 2008년 12월 7일 〈매일경제〉가 주최하는 '한국디지털컨버전스포럼'에 초청된 바 있다. 한국디지털컨버전스 포럼은 방송통신 및 미디어 전문가들이 모여 한국 IT 산업과 미디어 산업의 미래를 조망해보고자 만든 자리다.

최 위원장은 이 자리에서 주최측인 〈매일경제〉에 자신의 발언을 엠바고(보도 유예)로 해줄 것을 요청한 후 작심한 듯 '2009년은 미디어 혁명의 해가 될 것'이라는 언급을 하기 시작했다.

"나는 방송통신 전문가가 아니다. 그러나 정책 담당자로써 2009년은 한국 미디어 혁명의 해라고 생각하고 있다. 신문·방송 겸영 문제가 새로운 지평을 열게 되고 방송 분야의 다양한 매체들이 새로운 질서를 준비하게 될 것이다. 인터넷 미디어가 새로운 제도적 법률적으로 정비하게 되고 방송 주파수 재배치 조정이 이뤄지고 있

다. 나는 이렇게 보면 한국 언론사에 있어서 혁명의 해라고 생각한
다. 혁명을 추진하는 데 있어서 역량이 과감 없이 투영되어 혁명의
기수가 되고 선두가 되고 안내자가 돼 달라고 (디지털컨버전스포럼 회
원들에게) 부탁하고 싶다. 앞으로 내년(2009년) 같은 미디어 혁명은
없을 것이라고 생각한다. 이런 점에서 이 무거운 일을 감당할 수 있
을 것인가 늘 생각하고 있다. 다행스럽게 임무를 맡고 수행할 수 있
는 선봉의 자리에 있다는 것을 일생의 행복한, 행운의 계기로 생각
하고 있다. 70여 년 동안 나름 언론관, 인생관을 온통 투여해서 미
디어 세계의 새로운 질서를 정비하는 데 작으나마 초석이 되고자
하는 심정이다."

최시중 위원장의 발언에는 비장미(悲壯美)까지 흘렀다. 한국의 국
가 기간산업인 방송 통신 및 미디어 정책의 수장으로서 미디어 산
업을 재편하겠다는 사명감을 내비쳤기 때문이다. 이날 최 위원장은
자신이 2009년 미디어 혁명을 본격적으로 추진하는 배경에 대해서
도 설명했다.

이렇게 '한국디지털컨버전스포럼'에서 처음 '미디어 혁명'에 대해
언급한 최시중 위원장은 2009년 1월 5일 신년 기자회견을 통해 '미
디어 빅뱅(Media BigBang)'이라는 화두를 공식적으로 던졌다. 신년
기자회견에 맞게 정책 목표로 발표한 것이다.

"금년(2009년)은 미디어 빅뱅이 일어나는 시기일 수밖에 없다. 내

외의 여건이 그렇게 형성돼 가고 있다. 그런 점에서 언론인들이 더욱 더 책임감과 명예심을 갖게 되는 한 해가 될 것이다. 새해를 미디어 산업 혁신의 원년으로 삼고자 한다. 매체 간 겸영을 허용하고 소유 규제를 완화해 세계적 미디어 그룹이 출현할 수 있는 여건을 만들 고 독점화된 방송광고시장에도 경쟁을 도입해 활력을 불어 넣겠다”

신문법, 방송법, IPTV법 등 소위 미디어법을 정비하고 신문과 방 송의 겸영을 허용하며 한국에서도 뉴스코퍼레이션이나 타임워너와 같은 글로벌 미디어 기업이 나와야 하는 분위기를 만들겠다는 정책 적 의지를 공식적으로 밝혔다.

최시중 방송통신위원장이 ‘미디어빅뱅’이라는 화두를 던진 이후 미디어 산업의 변화는 신문, 방송은 물론 인터넷, 통신에 이르기까 지 최대 화두로 부상했다. 미디어 빅뱅이란 미디어 산업의 칸막이 를 없애고 서로 시장에서 자유롭게 경쟁할 수 있도록 해 이용자 후 생(厚生)을 높이고 산업 규모는 키우겠다는 구상이다.

미디어가 서로 경쟁을 하려면 무엇보다 신문과 방송이 뚜렷하게 구분된 구도를 깨야 했다. 2009년 8월 국회에서 통과된 미디어법(신 문법, 방송법, IPTV법) 이전에는 신문사가 법적으로 방송사를 겸영 할 수 없었기 때문이다.

방송 시장에서도 KBS, MBC, SBS 등 지상파 3사가 시장의 70%

이상 차지하는 불균형 구도를 깨야 한다는 전제가 깔려 있다. 뉴 미디어 매체(플랫폼)인 케이블TV, IPTV 등이 서로 경쟁해 시장 파이를 키우고 지상파 DMB, 위성 DMB 등의 매체도 제 역할을 할 수 있게 해야 한다는 구상이다.

이렇게 되면 콘텐츠 하나를 케이블TV, IPTV, DMB, 신문, 지상파 방송 등 다매체에 송출한다는 의미의 '원소스 멀티유즈(One Source Multi Use)'가 가능하게 된다는 것이다.

협소한 미디어 시장 규모

'미디어 빅뱅'은 최시중 방송통신위원장을 대표한 정부 측의 정책적 의지로만 형성되지 않았다. 미디어 산업 내부적으로도 변화의 필요성이 제기되고 있었다. 한국의 미디어 산업은 '산업'이라고 부르기 힘들 정도로 규모가 작아 세계 시장에 내놓을 만한 수준이 안 됐기 때문이다.

한국은 이미 삼성전자, LG전자, 포스코, 현대자동차, SK텔레콤 등 글로벌 기업들이 있으나 미디어 분야는 '글로벌'이라고 부를 만한 기업이 거의 없는 상황이다. 그 동안 한국의 방송산업은 드라마, 음악 등 소위 '한류(韓流)'를 아시아 국가에 히트시키면서 만만찮은 콘텐츠 제작 능력을 과시했다. 그러나 속 안을 들여다보면 '규모의 경제'를 이루지 못하고 있다는 한계를 가지고 있었다. 한국 방송산업은 시장의 크기가 절대적으로 작다는 것이다.

한국의 방송시장 외형은 세계 8위 수준이다. 하지만 그 절대적 사이즈를 보면 미국의 5.7%, 일본의 33%에 불과하다. 2007년을 기준으로 봤을 때 미국은 1,366억 달러로 시장 점유율 40.7%를 차지하고 일본은 236억 달러로 7%, 영국은 218억 달러로 6.5%를 차지하고 있다. 그러나 한국은 78억 달러로 2.3% 수준이다.

방송시장은 그나마 2000년 이후 성장이 정체되는 양상을 드러내고 있다. 즉, 성장률 증가추세가 하락하고 있다는 것이다. 지상파 방송 시장의 포화(지상파 TV 침투율 100%)와 유료 방송 가입률은 92.8%에 달하고 광고 시장이 위축되면서 한국 미디어 산업은 더 이상 성장하지 못했다. 이처럼 협소한 방송시장은 우리나라의 모든 방송사업자의 경쟁력에 부정적인 영향을 미치고 있다.

신문과 방송은 개인적 이익보다는 공공의 이익과 공공선(公共善)을 우선해야 한다는 사명감이 있다. 언론은 개인의 알권리를 위해 펜을 들고 카메라를 멜 수 있는 것이다. 그러나 공공성을 지나치게 강조한 나머지 '산업'으로서 미디어의 역할은 외면당하고 있었다.

산업으로서의 미디어가 평가를 받지 못하는 사이에 인터넷 포털이 뉴스 소비 시장을 장악, 기존 올드 미디어(신문, 방송)를 통한 뉴스의 가치는 크게 떨어지고 있는 상황이 계속되고 있다.

더구나 신문산업은 인터넷이 등장한 이후 아예 '사양 산업'으로 취급받고 있는 상황이다. 실제로 신문의 시장 규모는 매년 줄고 있다. 한국언론재단이 2009년 9월 펴낸 〈2009 한국신문방송연감〉에 따르면 2008년 한국의 전체 신문 매출액은 2조 9,400억 원인 것으로 나타났다.

신문 매출액은 2007년 3조 원을 넘었으나 2008년엔 전년 대비 11.52%가 감소한 것으로 나타났다. 1개 신문사의 평균 매출액은 2007년에 비해 2008년 무려 40.17%가 감소한 것으로 조사되기도 했다.

이중 소위 '조중동'으로 불리는 〈조선일보〉, 〈중앙일보〉, 〈동아일보〉의 점유율은 신문 전체의 32.10%를 차지하고 있다. 중앙일간지, 경제지, 전문지, 스포츠지 등 나머지 신문의 점유율이 60%대에 달한다는 것으로 신문사별 편차가 얼마나 심한 수준인지 알 수 있을 정도다. 신문, 방송 매체 간 불균형과 미디어 시장 규모의 축소로 인해 필연적으로 신문과 방송을 넘나드는 크로스 미디어를 필요로 하게 됐다. 미디어 빅뱅은 이렇게 시작됐다.

정부와 여당은 2009년 7월 22일 수개월간의 진통 끝에 소위 '미디어법(방송법, 신문법, IPTV법)'을 통과시켰다. 미디어법은 신문과 방송의 겸영을 허용하고 지상파 방송에 대자본이 참여할 수 있는 길을 열어줬다는 의미가 있다.

이에 앞서 2008년 12월 정부 여당은 방송법·신문법·인터넷멀티미디어 방송사업법(IPTV법) 등 미디어관련법 개정안을 국회에 발의했다. 이에 야당과 시민단체가 새 미디어법이 대자본의 언론 장악 음모라며 강하게 반발, 2009년 3월 여·야간 합의에 따라 관련 전문가 20인이 참여하는 미디어발전 국민위원회를 구성한 후 6월까지 110일간 미디어관련법 개정안의 세부내용을 검토했다.

그러나 미디어발전 국민위원회에서는 여야 간 정쟁이 치열해 뚜렷한 결론을 내지 못했다. 타협은 하지 않고 자기 하고 싶은 말만 하다 끝난 것이다. 결국 2009년 7월 정부 여당이 밀어붙여 여론 다양성 보장을 위한 다양한 사진·사후 규제장치가 반영된 미디어관련법 개정안이 국회 본회의를 통과하게 됐다.

미디어법의 통과 과정은 추악했다. 그러나 그렇다고 미디어법 통과의 의미가 희석돼서는 안 될 것이다. 미디어법 개정의 핵심은 방송법이었다. 방송사업에 대한 각종 소유제한 규제가 완화된 것이다. 지상파방송, 종합편성 및 보도전문 채널에 대한 1인 지분소유가 최대 30%까지만 가능했으나 2009년 7월 방송법 개정으로 40%까지 확대되었다. 신문도 지금까지 지상파방송에 대한 지분소유가 금지되었으나 10%까지 소유할 수 있게 됐고 종합편성과 보도전문 채널에 대한 지분소유도 30%까지 가능하게 됐다.

자산총액 10조 원 이상인 대기업도 신문의 사례와 같이 지상파방송 및 종합편성·보도전문채널에 대한 소유가 기존 금지에서 각각 10%와 30%까지 소유할 수 있게 됐다. 그리고 외국자본은 지상파방송에 대한 지분소유는 기존대로 금지되나, 종합편성과 보도전문채널에 대한 지분소유는 각각 20%와 10%까지 허용됐고 위성방송에 대해서도 33%에서 49%로 확대됐다.

미디어법은 야당의 강력 반발로 인해 여론다양성 보장을 위한 다양한 규제 장치가 도입된 것이 특징이다. 특히 신문과 자산총액 10조 원 이상인 대기업의 경우 지상파방송에 대한 지분소유가 최대 10%까지 가능하지만 2012년 말까지는 해당 지상파방송의 최다액 출자자나 실질적 경영권 지배를 금지했다.

여론 다양성 보장을 위해 방송통신위원회 산하에 미디어다양성위원회를 구성, 운영하게 했다. 미디어다양성위원회는 방송사업자의 시청점유율 조사 및 산정, 2012년까지 매체 간 합산 영향력지수 개발, 여론 다양성 증진을 위한 조사·연구 등을 담당하게 된다. 미디어다양성위원회는 형식적이라는 비판이 있지만 제 기능을 발휘한다면 어느 누구도 무시 못 할 조직이 될 것으로 예상된다.

이 같은 미디어법 개정은 미디어 산업 전체 변동의 진앙지가 될 것으로 예상된다. 신방겸영 규제가 해소됨에 따라 〈매일경제〉를 비롯, 〈조선일보〉, 〈중앙일보〉, 〈동아일보〉 등이 종합편성 및 보도전문 채널 사업권을 획득하기 위해 출사표를 던졌다.

정부도 국가 GDP 대비 방송 시장의 성장이 정체되고 있다고 판단, 방송 시장의 규제 완화를 통해 시장 규모를 더욱 키워나가되 공정한 경쟁과 여론 쏠림 현상 등을 최소화하기 위해 보완 정책을 마련하는 방향을 세웠다. 실제로 정부는 향후 TV수신료를 인상하는 등 방송 시장 규모를 키우고 공영 방송의 공익성을 강화하는 등의 논의를 진행하고 있다.

특히 미디어법 개정을 통해 신유형 광고로 가상광고와 간접광고 개념을 도입, 지상파 방송사의 숨통을 틔워줬다.

가상광고는 방송프로그램에 컴퓨터 그래픽을 이용하여 만든 가상의 이미지를 삽입하는 형태의 광고이며 간접광고는 방송프로그램 안에서 상품을 노출시키는 형태의 광고다. 실제로 지난 2010년 4월 피겨스케이팅 세계선수권 대회에서 김연아 선수의 연기 때 국내 처음으로 가상 광고가 나타나기도 했다.

“미디어 빅뱅은 선택이 아니라 국내 미디어산업의 생존을 위한 절박한 선택일 수밖에 없다.”

윤석민 서울대 언론정보학과 교수는 미디어법 통과 직후 그 의미에 대해 “지상파 방송사가 독점적인 영향력을 행사하고 있는 국내 미디어산업을 빅뱅으로 이끌 서곡”이라고 평가했다.

이미 글로벌 미디어기업은 종합오락 채널이나 보도전문 채널을 통해 글로벌 시장으로 영향력을 확대하고 있는 반면, 국내 방송시장은 안방에서 주어지는 안락한 수익에만 만족하면서 경쟁력을 잃

2009년 7월 '날치기' 비난 여론을 받는 등 우여곡절 끝에 미디어법이 국회를 통과했다.

어가고 있다.

이라크전쟁이나 아프가니스탄전쟁 등 국제적인 사건이 발생하면 국내 지상파 방송사들은 CNN을 받아쓰기 급급하다. 지상파 방송사들이 국제뉴스를 전할 때 의존하는 CNN은 타임워너가 소유하고 있는 케이블방송이다.

미국 시장에서 뉴스에 대한 영향력은 ABC, CBS, NBC 등의 지상파 방송사보다 CNN, MSNBC, 폭스뉴스 등 뉴스 전문 케이블 방송사가 더 막강하다. 글로벌 미디어기업의 격전장인 미국에서 뉴스코퍼레이션, 타임워너, 디즈니 등 주요 미디어그룹은 지상파 방송사를 모두 소유하고 있지만 이들 미디어기업이 글로벌 진출을 위해 강화하고 있는 분야는 다름 아닌 케이블채널이다. 글로벌 진출을 위한 진입장벽이 낮기 때문이다. 경쟁력 있는 콘텐츠만 확보한다면 해외에서도 영향력 있는 방송사로 자리 잡는 것이 어렵지 않다.

미국의 미디어기업은 이미 지상파방송에 대한 의존도를 대폭 낮추었다. 시청자들도 위성방송이나 케이블TV 등 유료방송에 더 익숙해져 있다. 미국에서 유료 채널공급자(PP)의 시청 점유율은 1998년에는 35% 정도였지만 2007년에는 51.4%를 넘어섰다. 반면 3대 지상파 채널의 시청 점유율은 1998년 37.4%에서 2007년 22.9%로 매년 감소하는 추세다.

번스타인 리서치는 향후 5년 내에 미국 종합오락편성의 유료 케이블 네트워크 채널이 지상파 방송사의 광고수입과 시청 점유율을 앞지를 것이라는 전망도 내놓았다. 미국의 종합오락편성 채널은 타임워너, 디즈니, 뉴스코퍼레이션 등 글로벌 미디어그룹이 장악하고 있다.

특히 이들 미디어기업은 케이블방송 콘텐츠 제작을 이분화하면서 관련 산업을 키우고 있다. 핵심 콘텐츠만 자체 제작하고 상당수의 콘텐츠는 외주 제작을 맡기는 출판형 시스템을 구축해 경쟁력 있는 외주 제작사와 전문 콘텐츠 개발인력을 양성시키는 구조를 만들었다. 실제 미국에서 대형 미디어기업의 케이블TV 진출이 가속화된 1992년 이후 방송업계 종사자는 27만 9,000명에서 2001년 31만 5,500명까지 큰 폭으로 증가했다.

국내에서도 종합편성 PP가 도입되면 자본력을 갖춘 PP들이 핵심 콘텐츠 개발에 집중하고 외주 콘텐츠를 통해 보완하는 시스템을 꾸릴 것으로 예상되면서 방송제작 시장이 더욱 커지고 일자리도 늘어날 것으로 기대된다. 이를 통해 글로벌 경쟁력을 갖춘 콘텐츠 개발이 가능해지면서 개별 콘텐츠의 수출이 아니라 방송 서비스를 수출할 수 있는 글로벌 미디어그룹도 탄생할 수 있다.

한국 방송 수출 걸음마… 장기적 투자 서둘러야

국내 방송산업 시장 규모는 347억 달러로 세계 9위권을 달리고 있다. 하지만 방송의 수출 기여도는 매우 미미하다. 2007년 기준 방송 수출액은 1억 6,200만 달러로 2007년 총 수출 규모 3,460억 달러의 0.046%에 불과하다. 2000년대 들어 한류 열풍과 함께 한국 방송 콘텐츠는 급격한 성장을 거둔 것처럼 보였지만 국가의 새로운 성장동력이라 하기에는 초라하기 그지없는 수치다.

게다가 한류에 편승한 드라마 위주의 단품 판매 모델은 금방 한계를 보이고 있다. 프로그램 단품 수출은 콘텐츠 경쟁력만 확보되면 판매처를 찾기 쉽고 단기간에 성과를 거둘 수 있는 이점이 있다. 하지만 콘텐츠 질이 저하되면 급격한 판매 감소로 이어지고 해외 시청자들에게 브랜드 인지도를 알리기도 어렵다.

이에 따라 KBS, CJ 등 일부 기업은 단품 수출모델에서 탈피해 채널 진출을 모색하고 있지만 아직까지 큰 성과를 이뤄내지는 못한 실정이다.

CJ는 2005년부터 베트남 드라마 투자를 시작으로 해외사업을 본격화했으며 일본 상업 위성방송인 스카이 퍼펙트TV를 통해 24시간 방송 채널에 진출하기도 했다. KBS도 BBC와 NHK를 벤치마킹해 KBS월드 채널을 세계 50여 개 국가에 케이블 방송이나 위성 방송으로 공급하고 있다.

해외에 진출한 채널이 안착하기 위해서는 5년 정도 장기적 투자가 이뤄져야 한다. 하지만 열악한 국내 미디어 여건상 일부 기업을 제외하면 해외 채널 진입 시도조차 못하는 실정이다. 게다가 지상파 방송사가 콘텐츠 제작과 유통을 독점하면서 방송업계는 프로그램 유통과 배급에 대한 노하우를 축적하지 못한 것도 한계로 지적된다.

여기도 무한도전 저기도 무한도전… 케이블 TV 재탕·삼탕 왜?

MBC 간판 예능프로그램인 무한도전. 한때 무한도전은 8방까지 방영되는 인기를 누렸다. 케이블TV의 디지털 전환으로 방송 채널은 크게 늘었다. 유사 경제방송은 물론 예능 전문 방송까지 매년 새로운 케이블TV 방송이 잇따라 개국하면서 최대 100개 방송까지 시청하는 가구도 생겼다.

그러나 시청자들은 볼 게 없다며 불만이고 재핑(Zaping, 리모컨을 손에 들고 자주 채널을 변경하는 행위) 현상도 늘고 있다.

이는 중소 방송채널사업자(PP) 경쟁력이 약해지고 있는 것도 원인이지만 KBS, MBC, SBS 등 지상파 계열 방송국들이 케이블TV 시장을 사실상 과점하고 있기 때문으로 풀이된다. 지상파 방송 인기 프로그램이 케이블TV에서 끊임없이 재생산되고 있는 것이다.

실제로 무한도전, 1박2일, 패밀리가 떴다, 해피투게더, 스타킹 등 시청률이 높은 인기 예능 프로그램은 3방 4방은 물론 심지어는 8방까지 하고 있는 실정이다. 1년이 훨씬 지난 프로그램도 지상파 계열이 아닌 독립 채널에서 재방송하기 때문에 시청자들은 '여기도 무한도전', '저기도 무한도전'을 방송한다고 느끼고 있다.

KBS 자회사 KBSN 5개, MBC 자회사 MBC플러스미디어 5개, SBS 자회사 SBS미디어넷 4개 등 총 14개 채널지만 시청 점유율은 32.51%에 달한다. 채널을 17개나 보유한 CJ계열 시청 점유율이 17.60%, 16개 채널이 있는 온미디어 계열은 17.63%에 불과한 현실을 봤을 때 지상파 방송의 과점 현상은 두드러져 보인다. 이 같은 현상은 '수익'으로 이어졌다.

지상파 계열 케이블TV 방송사는 가장 큰 수익을 광고로 충당한다. 정보통신정책연구원에 따르면 지상파 계열 방송사 광고수익 비중은 71.5%며 방송수신료(종합유선방송사업자에서 받는 수신료) 수익은 15.1%, 부대사업 등 기타 사업 수익은 6.7%에 불과하다. 그러나 일반 케이블TV 방송사(홈쇼핑 제외)는 광고 수익이 35.5%, 방송수신료가 12.2%에 불과하지만 기타 수익이 44.6%로 가장 높다.

기타 수익은 부대사업, 행사 사업, 문화사업, 임대료 수입 등으로 방송과 상관없는 부대 수입을 뜻한다. 방송사업자로서 정상적인 수입구조를 가지지 못하고 있는 셈이다. 실제로 JEI 재능TV와 JEI English TV 등 2개 유료채널을 운영하고 있는 재능교육은 2007년 총매출 3,188억 원 중 기타사업 매출액이 3,042억 원으로 전체 매출액 중 95.4%에 달하는 수익구조를 보였다.

케이블TV 방송사들이 방송 외 분야에 의존하는 취약한 구조로 인해 신규 프로그램 제작에 투자하는 전략보다는 기존 국내외 프

MBC의 인기 예능 프로그램 무한도전은 지상파에서 방송한 후 자회사 케이블TV를 통해 최대 8방까지 방송한다.

로그램 구매에 의존하는 안정적인 저기 편성 전략에 주력하게 되고 이는 유료채널 인지도나 경쟁력을 저하시키는 원인이 됐다.

글로벌미디어 도약 관건은 콘텐츠

"다큐는 조작이고, 예능은 표절이고, 드라마는 막장인 것이 한국 방송 현주소입니다. 국민의 다양성과 창의성을 표현하지 못하는 방송 현실을 바꿔야 합니다."

최시중 방송통신위원장은 2009년 6월 말 긴급 기자간담회에서 원고에 없는 발언을 하며 비참한 한국 방송 현실을 지적했다. 조작된 다큐멘터리를 방송하고, 예능은 표절 논란에 항상 휩싸이며, 드라마는 '막장'이란 신조어를 만들어냈을 정도로 '시청률'에만 사로잡혀 공공성을 담보하지 못하고 있다는 것이다.

KBS는 2009년 3월 방송한 다큐멘터리(환경스페셜 '밤의 제왕, 수리부엉이' 편) 내용 일부가 조작됐다는 논란이 불거졌으며, SBS는 간판 예능 프로그램 '스타킹' 중 일부 내용이 일본 TBS 방송 '5분 출근법'을 표절한 데 이어 제작진이 거짓말까지 한 사실이 드러나기도 했다. 이 때문에 방송계에서는 현재 불어 닥친 '방송의 위기'는 경영이나 사업의 위기에 앞서 '콘텐츠의 위기'라는 말을 공공연히 하고 있다. 국민에게 신뢰를 얻지 못하고 있다는 자성인 셈이다.

전문가들은 2009년 미디어법(신문법, 방송법, IPTV법) 통과에 따라 종합편성·보도전문 채널이 최대 3개까지 늘어나게 됐지만 기존 지상파 방송과 차별화하면서도 새로운 '볼 만한 방송 콘텐츠' 없이는 성공할 수 없다고 입을 모은다.

1992년 12월 개국한 SBS가 단기간에 성공할 수 있었던 배경에는 1995년 1월부터 2월까지 방송된 24부작 대하드라마 '모래시계'가 결정적 작용을 했다. SBS '모래시계'는 당시 60%에 육박한 시청률로 SBS가 서울 지역에서 벗어나 전국 방송으로 도약하는 데 큰 기여를 했으며 광고비 측면에서도 KBS, MBC와 어깨를 나란히 하는 계기를 마련한 바 있다.

그러나 '질 좋은 볼거리(방송 콘텐츠)가 새로운 미디어의 운명을 가른다'는 명제는 현재 방송 콘텐츠 산업 현실을 봤을 때 '이상'에 가깝다는 지적도 나오고 있다.

KBS, MBC, SBS 등 기존 지상파 방송사와 CJ, 온미디어, MBN 등 주요 채널사업자 그리고 일부 독립 제작사를 제외하면 경쟁력 있는 콘텐츠를 만들어내지 못하고 있는 것이 현실이기 때문이다.

지상파 방송이 국내 제작 프로그램 수요와 제작을 독점하고 있어 프로그램 기획과 제작을 분리하기 어렵고 제작과 유통마저 지상파에 종속된 형태로 존재하는 현실은 한국 방송 콘텐츠 산업이 후진국형이란 오명을 쓰게 하고 있다.

850여 개에 달하는 독립 제작사는 특정 기간에 1~2개 프로그램을 제작 인원 5~15명으로 제작하는 것이 현실이다. 이 중 절반 정도는 자본금이 1억 원 미만이고 제작 인력이 10명 이하인 영세 제작사 비율은 60%를 넘는다.

프로그램 기획은 지상파 방송사에서 하거나 혹은 독립 제작사에서 개발했더라도 제작비용을 충당하기 위해 방송사에 콘텐츠에 대한 권리를 넘기고 제작비 형태로 보전하는 것이 일반적이다.

독립 제작사뿐만 아니라 자본을 끌어들일 수 있는 대형 드라마 제작사도 지상파에 종속돼 경영에 어려움을 겪고 있다. KT가 최근 매각한 드라마 제작사 '올리브나인'이 대표적이다. 올리브나인은 '파리의 연인', '주몽', '쾌도 홍길동' 등 히트 드라마를 연이어 제작한 스타 독립 제작사다. 그러나 2005년 '파리의 연인'이 히트했음에도 60억 원 적자를 기록했고 2007년 주몽도 히트했지만 또다시 영업적자 62억 원을 기록했다.

'여명의 눈동자'와 '모래시계' 제작자인 김종학 감독도 독립 제작사 경영에 어려움을 겪다 최근 김종학프로덕션 대표직에서 물러났다. 김종학 감독이 방송사에서 독립해 설립한 김종학프로덕션은 2007년 태왕사신기를 성공시키며 코스닥 입성에 성공했다.

하지만 흥행작품에 대한 외부 기대와 달리 경영 성적은 좋지 못했다. 스타 배우와 뛰어난 원작을 동원해 작품을 만들어 내던 김종학 감독마저도 추가적인 자금 조달에 실패하면서 결국 상장 2년 만에 대표직에서 물러나게 됐다.

제작사가 만들어낸 콘텐츠 저작권을 방송사가 독점하고 있는 구조 때문에 광고료 등 수익은 지상파가 챙겼다. 외국 유통이나 DVD 제작, 케이블TV 재판매 등에서도 제작사가 가져가는 저작권은 10% 정도에 불과하다.

한 독립 제작사 관계자는 "방송사가 원하는 스타들과 계약을 하려면 당초 계약금으로는 턱없이 부족한 때가 많다"며 "외국 로케나

세트 증설 등 추가 비용은 고스란히 제작사 몫이라 수익을 내기가 쉬운 일은 아니다"고 말했다.

이 같은 현실 때문에 미디어법 개정으로 탄생할 새로운 미디어는 지상파의 약탈적 계약관계와 근원적으로 달라야 한다는 목소리가 높다. '스튜디오형 제작사'를 키우고 주문형방송(VOD), IPTV 등 다중 매체를 활용해 '개방형 방송'을 지향해야 한다는 것이다.

또 정부와 민간이 조성할 예정인 1,000억 원 규모 콘텐츠 투자펀드 운용에서 독립 제작사와 채널사업자(PP)에 우선권을 배정해 지상파 방송사와 경쟁을 유도하고 2012년 디지털 전환에 맞춰 고화질(HD) 콘텐츠 제작 환경도 지원해야 한다.

김영용 서강대 영상대학원 교수는 "방송시장에서 경쟁의 핵심은 콘텐츠"라며 "결국 질 좋은 콘텐츠를 안정적으로 제작할 수 있는 제작사가 늘어나야 국내 방송시장 전반적으로 경쟁력을 확보할 수 있다"고 말했다.

공영은 공영답게 민영은 민영답게

"현재 방송에서 KBS, MBC, SBS라는 방송사 이름만 빼면 어떤 방송사의 프로그램인지 구분할 수 없습니다. 공영방송과 민영방송의 구분은 전문가들만 하는 것이죠."

국내 지상파 방송 시장은 정부가 소유한 공영방송인 KBS와 MBC, EBS 그리고 개인이 소유한 민영방송 SBS가 있다. 그러나 광고가 없는 KBS1 TV를 제외한 KBS2, MBC, SBS는 보도와 예능, 다큐멘터리 등의 편성 내용이 비슷하기 때문에 시청자들은 방송사의 차이점을 발견하지 못한다.

지상파 방송의 소유 구조는 독특하다 못해 기형적이다. KBS는 국민이 내는 수신료로 운영하고 있지만 KBS2 TV는 광고를 하고 있다. 또 MBC는 소유 형태는 공영방송이지만 재원 구조(광고 의존)는 민영방송과 같다.

그러나 비교적 최근 방송법을 개정한 프랑스는 사정이 다르다. 프랑스는 방송법 개정에 따라 저녁 8시 이후에는 공영방송(F2, F3, F4, F5, ARTE)의 광고를 하지 못하도록 했다. 공영방송의 광고를 없애는 대신 수신료를 4유로 올리고 부족한 재원은 민영방송 수익금으로 충당하기로 했기 때문이다.

공영방송은 시청률의 노예가 돼서는 공적 기능을 충실히 수행할 수 없다고 판단해 오는 2011년까지 광고를 없애 공공의 이익에 맞는 프로그램을 제작, 방송한다는 방침이다. 민영방송은 시장 경쟁 원리를 도입하고 산업적 효과를 고려해 진입 장벽을 허물고 경쟁을 통해 글로벌 미디어 대기업을 키운다는 전략이다.

공영방송의 세계적 모델 BBC의 런던 본사.

이같이 프랑스 방송 정책의 핵심은 '공영은 공영답게, 민영은 민영답게'란 말로 압축된다. 즉 공영방송의 공익성을 높이는 대신 민영방송은 산업적 효과를 고려하겠다는 뜻이다.

한국 정부도 미디어법(방송법, 신문법, IPTV법) 개정에 따라 글로벌 미디어그룹을 만들겠다고 공언하고 있다. 최시중 방송통신위원회 위원장도 최근 기자회견에서 "KBS는 BBC처럼 만들고 MBC는 정명(正名)을 찾아갈 수 있도록 하겠다"고 다짐했다. 프랑스와 같이 '공영은 공영답게, 민영은 민영답게' 방송 환경을 만들겠다는 의지로 풀이된다.

한국형 글로벌 미디어그룹의 탄생은 '민영방송의 제자리 찾기'와도 맥이 닿는다. 그동안 한국의 민영방송은 방송의 공공성과 산업적 역할 사이에서 갈팡질팡해왔다. 특히 SBS는 산업적 역할보다는 공공성에 방점을 찍어 왔던 것이 사실이다. 그러나 새로 태어나는 종합편성채널 등은 SBS와도 달라야 한다는 지적이 많다.

이에 따라 한나라당은 공영방송의 개혁 차원에서 가칭 '방송공사법' 제정을 추진하고 있다. KBS, EBS 등을 공영방송의 범주에 넣고 KBS2의 광고를 줄이고 수신료를 올려 공영방송 재원의 80% 이상을 충당하는 것을 골자로 하고 있다. 시청률의 노예가 돼서는 방송의 공공성을 충분히 담보할 수 없다는 것이다.

1981년 이후 2,500원으로 동결돼 있는 KBS 수신료를 올려 시청률에 얽매이지 않고 BBC 같은 수준 높은 방송을 만들겠다는 것이다. 아울러 KBS는 수신료 인상을 위한 사전 작업을 위해 '수신료 현실화 추진단'을 출범시켰다.

방송공사법이 제정되면 MBC 민영화 문제가 본격적으로 제기될 것으로 전망된다. KBS와 EBS를 공영방송으로 묶으면, 광고에 의존하고 있는 MBC는 광고를 포기하고 공영방송으로 가든지, 광고에 의존한 민영방송을 선택해야 한다. 박천일 숙명여대 교수는 "가장 중요한 것은 열악한 재정상태와 과도하고 방만한 재정구조, 정치지향적 조직성, 규제에 대한 과도한 집착을 보이는 지상파 방송의 독과점 구조를 깨는 것"이라고 강조했다.

공영방송 역시 글로벌 미디어그룹으로 변신해야 한다는 주장도 있다. 강원대 정윤식 교수는 "우리나라에서는 지배적 방송 플랫폼 사업자이며 콘텐츠 사업자인 공영방송 주도로 글로벌 미디어그룹의 방향을 우선 모색해야 한다"며 "영국의 BBC는 기존 2개 채널은 공익콘텐츠로 채우지만 디지털화에 따른 6개 채널은 머독까지 끌어들여 유아프로그램 등에서 새로운 전략을 만들고 있다"고 말했다.

민영방송의 개혁 방향은 시장경제 원리 도입이다. 정부와 한나라당의 기조가 '1공영 다민영'을 지향하고 있다. 종편 채널에 이어 신규 지상파 채널 허가로 이어질 경우 지상파 방송의 기존 독과점 구조는 무너지고 민영방송 간 경쟁 체제가 구축되게 된다. 종편 채널에 외국 자본까지 들어올 경우 글로벌 미디어기업의 경쟁력을 갖출 수 있게 된다.

SO – PP 상생모델 서둘러 만들어야

시청자들은 케이블TV에서 지상파 방송을 시청하기 위해서는 반드시 '홈쇼핑'을 봐야 한다. 케이블TV 사업자(SO)들이 6번(SBS), 7번(KBS 2TV), 9번(KBS 1TV), 11번(MBC) 사이에 예외 없이 홈쇼핑 채널을 끼워 넣었기 때문이다. 이처럼 홈쇼핑 사업자들은 케이블TV의 상위 번호를 유지하기 위해 매년 최대 1,000억 원 이상을 케이블TV 사업자에게 지급하고 있다. 그만큼 파괴력이 있기 때문이다.

나머지 방송의 채널은 지역마다 제각각이다. YTN을 제외하면 독자적인 번호 마케팅을 하는 채널사업자(PP)들은 거의 없다.

여기에 방송 콘텐츠를 케이블TV에 송출하면서도 이에 따른 대가를 제대로 받지 못하는 실정이다. 지난 2007년을 기준으로 케이블TV 사업자가 PP에 지급한 수신료 배분율은 전체 매출 중 17.4% 수준이다. 지난 2008년 방송통신위원회가 25%를 배분할 것을 권고했지만 아직도 이를 제대로 지키고 있는 케이블TV 사업자는 거의 없다.

최근 케이블TV 사업자는 PP에 자율 협의라는 이유로 2010년까지 수신료 배분율을 20% 수준으로 동결하도록 요구하기도 했다. PP들은 수신료 배분율이 25%일 경우에 비해 연간 약 1,000억 원을 덜 받을 수밖에 없다.

낮은 수신료는 양질의 프로그램을 제작할 환경 조성을 저해하고 방송보다는 기타 수익에 눈을 돌리게 하고 있다. 생존조차 어렵기 때문에 세계적인 콘텐츠를 만드는 것은 불가능에 가깝다.

실제로 정보통신정책연구원이 발행한 〈방송산업실태조사 보고

서〉에 따르면 2009년 홈쇼핑을 제외한 전체 PP의 방송 수신료 수익은 2,083억 원으로 전체 매출액 대비 12.2%에 그쳤다. 협찬 수익은 2.8%(650억 원), 상품판매 수익은 2.1%(352억 원)에 불과했으며 방송과 상관없는 기타 사업수익은 44.6%(7,623억 원)를 차지했다. 기타 사업은 부대사업, 방송 용역 제공, 행사 사업, 문화사업, 임대료 등 방송 외 분야에서 수익을 얻는 것이다.

하지만 케이블TV 사업자들도 절박한 사정이 있다. 방송이나 초고속인터넷 분야에서 거대 통신사업자와 저가 경쟁을 펼치고 있는 데 비해 방송 수신료 가격이 턱없이 저렴하기 때문에 제대로 수익을 낼 수 없기 때문이다. 아날로그 유선방송은 6,000원대면 볼 수 있으며 디지털케이블TV도 일부 사업자들은 9,000원대에 회원을 모집하고 있다.

때문에 글로벌 미디어 그룹을 제대로 만들기 위해서는 채널 번호 사용에 대한 일관적 기준이 제시되고 사용 수신료 배분율도 공정하게 지키는 등 케이블TV와 콘텐츠 제작사의 '상생 모델'이 만들어져야 한다는 지적이 높다.

즉, 케이블TV 사업자 재허가 시 PP 프로그램 사용 대가에 대한 의무 지급비율을 명문화하고 이행여부를 지속적으로 점검해야 한다는 지적이다. 또 프로그램 사용 대가 지급현황 자료를 정기적으로 제출받아 실제 이행상황을 점검해야 한다는 제안도 나오고 있다.

다수 전문가들은 특히 복수 채널 사업자들과 SO가 계약을 할 때 결합상품 형태로 제공하는 할인요건을 구체적으로 밝히도록 해 싼 값에 다수의 콘텐츠를 넘겨받을 수 없도록 할 필요가 있다고 제안하고 있다.

무엇보다 케이블TV 사업자와 통신사업자들이 저가경쟁을 펼치지 못하도록 이용요금 실태를 조사하고 덤핑판매 금지 등을 통해 가격경쟁이 아니라 콘텐츠 경쟁으로 유도해야 한다는 것이다.

케이블TV 사업자와 PP가 상생하고 자립할 수 있는 기반을 만들어야 신규로 시장에 진입하는 종합편성 채널이나 보도전문 채널도 안착할 수 있게 된다. 채널 번호를 배정하는 것은 SO의 고유권한이라는 점에서 앞자리 배치 등을 강요할 수는 없지만 지상파 인근 번호 배치나 전 사업자별 고유번호 배정 등을 통해 채널 브랜드 마케팅이 가능할 수 있도록 혜택을 줄 필요도 있다.

영화 관람료 보다 낮은 케이블TV 한 달 수신료

"케이블TV 요금이 영화 입장료보다 못합니다."

국내 케이블TV 사업자(MSO) A사장은 이 같은 고민을 털어놨다. 가입자에게 받는 수신료가 너무 낮아서 방송 콘텐츠 제작사(PP)에 지급하는 방송 사용료를 높게 줄 수 없다는 것이다. 케이블TV 요금은 물가와도 연계돼 있어 수신료를 한 번에 크게 올릴 수도 없는 노릇이다.

A사장은 "수신료를 정상화할 수 있는 계기인 디지털 케이블 전환에 공을 들이고 있지만 속도가 더딘 것이 사실"이라며 "저가 구조를 개선하지 않는 한 볼만한 콘텐츠를 만드는 것은 불가능에 가깝다"고 하소연했다.

A사장의 고민이 새로운 것은 아니다. 사실상 '무료 방송'으로 시작한 케이블TV 요금(수신료)이 계속 오르기는 했지만 영화 한 편(8,000~9,000원)보다 못한 수신료는 글로벌 미디어를 육성할 정도의 시장 규모 형성을 가로막고 있다. 낮은 수신료로 인해 케이블 방송사들이 영세성을 면치 못하고 결국 경쟁력 있는 콘텐츠를 제작할 수 없는 악순환이 계속되는 것이다.

실제 국내 케이블TV 수신료는 평균 6달러 수준으로 미국(38달

케이블TV사업자(SO) HCN의 방송 제작 현장.

러), 일본(42달러) 등 선진국은 물론 필리핀(12달러), 인도네시아(24달러) 등 동남아시아 국가보다도 현저하게 낮다. 케이블TV 이용 요금은 1995년 케이블TV가 처음 시작됐을 당시 1만 원을 넘었으나 2000년대 들어 급격하게 내려갔다. 2000년 평균 케이블TV 요금은 6,527원, 2003년에는 3,776원까지 내려갔다. 디지털 케이블TV가 시작된 2008년 들어 시청료가 소폭 인상되기는 했지만 여전히 6,000원을 밑돌고 있다.

이렇게 수신료가 낮다 보니 케이블TV 사업자는 수익을 광고와 홈쇼핑 송출 등에 의존하고 있다. 2008년 종합유선방송사업자 총

매출 2조 1,458억 원 중 수신료 수익은 46.7%인 9,980억 원에 그쳤다. 2004년 이후 수신료 수익은 전체 매출의 45~48% 수준에 머물고 있다. 반면 홈쇼핑 송출로 인한 수수료 수익은 2,980억 원으로 전체 매출 중 24.9%에 달했다. 케이블TV 업체들이 홈쇼핑을 상위 채널에 배치한 대가가 주요 수익원이 된 셈이다.

이렇게 수신료가 아닌 홈쇼핑 송출이나 인터넷 접속, 컨버터 대여 등의 수익으로 충당하다 보니 방송 콘텐츠 사업자에 돌아가는 제작비도 낮아질 수밖에 없는 것이다.

김용배 한국케이블TV협회 팀장은 "수신료 수익 비중이 60~70%가 돼야 정상인데 현재 수신료 수익은 50%도 안 되고 나머지는 기타 수익에 의존하기 때문에 정상적인 시장 구조 형성이 어렵다"며 "수신료 현실화는 글로벌 미디어 기업을 만드는 토대가 된다"고 말했다.

그러나 수신료를 올리는 것이 쉽지 않다. 저렴한 요금에 익숙한 시청자에게 요금을 올려 받기 위해서는 경쟁력 있는 방송 콘텐츠를 제공해야 하는데 케이블TV 방송에 대한 시청자 만족도가 높지는 않기 때문이다. 게다가 통신사업자들이 IPTV를 앞세워 유료 방송 시장 경쟁자로 떠오른 상황에서 값을 올려 받기란 쉽지 않다.

때문에 전문가들은 조속한 디지털 케이블TV 전환이 케이블 방송시장을 정상화할 수 있는 첫 단추라고 지적한다. 아날로그방송은 6,000원 수준에서 공급되지만 디지털 케이블 방송은 1만 원 내외 가격을 받고 있다. 디지털 케이블로 시청자 전환이 이뤄지면 자연스럽게 수신료 인상이 가능하다는 것이다.

현재 디지털 케이블 방송 시청 가구는 전체 1,400만 케이블TV 시청 가구 중 250만 가구에 머물고 있다. 케이블TV업계는 '500만 명 이상은 디지털로 전환돼야 방송시장 정상화의 실마리가 풀릴 수 있다'고 전망한다.

윤석민 서울대 언론정보학과 교수는 "저가 요금으로 인해 콘텐츠 경쟁력은 갈수록 떨어지고 악순환에 빠지고 있다"며 "종합편성 채널 등 경쟁력 있는 채널이 도입되면 가격 구조 정상화에 기여할 수 있을 것"이라고 말했다.

지상파 3사, 케이블채널도 대부분 장악

"디지털의 시대정신인 참여와 개방을 구현하고, 장래의 성장동력인 콘텐츠 산업을 활성화하기 위한 가장 이상적 대안은 바로 종합편성 채널입니다."

2007년 2월 유재천 상지대 총장(현 KBS 이사장), 최열 환경재단 공동대표, 유숙렬 전 방송위원, 이석연 변호사(현 법제처장) 등 사회·시민단체 전문가들이 종합편성채널 도입을 촉구하는 모임을 결성하면서 표명한 말이다. 이들은 새로운 종합편성 채널이 필요하다는 내용의 정책 건의서를 당시 방송위원회에 전달했다. 당시 진보, 보수를 가리지 않고 모인 128명의 전문가들은 KBS, MBC, SBS 등 기존 지상파 방송의 독과점 상태가 10년 넘게 지속돼 방송환경 변화에 부응하지 못할 뿐만 아니라 건강한 방송 생태계 마련에 제 역할을 하지 못하고 있다고 진단했다.

당시 건의문 작성에 직접 참여한 인사는 〈매일경제〉와의 인터뷰에서 "그때 모임에서는 기존 지상파 방송이 시청자 욕구를 충족시키지 못하고 있다는 지적이 많았다"며 "수년이 지난 지금도 상황이 변한 게 전혀 없다"고 말했다.

여기서 알 수 있듯이 보도와 교양, 오락 등을 하나의 채널에서 방송하는 '종합편성 채널'을 도입해야 한다는 주장은 새로운 것이 아니다. 방송위원회(방송통신위원회 전신)에서는 이미 종합편성채널 도입을 위한 전문가 조사를 마치고 보고서를 채택한 바 있다.

이 조사에서 종합편성 채널을 도입해야 하는 가장 큰 근거로 내세운 것이 지상파 방송의 독과점 심화 현상과 전문 편성 채널의 열악한 상황이다. 방송위가 방송 사업자와 시청자 단체, 방송 관련 학계 전문가 104명을 대상으로 한 조사에서 지상파 방송의 독과점 수준에 대해 방송 전문가의 76.7%가 '높다'고 평가했으며 20.4%가 '보통이다'라고 답했다. 독과점 수준이 '낮다'고 대답한 전문가는 2.9%에 불과했다.

기존 케이블TV 방송(전문채널)의 가장 큰 문제점으로는 열악한 제작 여건과 프로그램 수준 미흡(50.5%)을 꼽았다. 양질의 프로그램 미흡으로 인한 채널 경쟁력 약화(26.2%), 재방송 중심의 편성(11.7%) 순이었다. 지난 수년간 방송 시장의 규모가 성장하고 위성DMB, 지상파DMB, IPTV 등 새로운 매체(플랫폼)가 속속 등장했지만 지상파 독과점과 전문채널의 수준 낮은 경쟁력은 크게 달라진 것이 없는 상황이다.

KBS, MBC, SBS 등 지상파 방송사들은 "케이블TV 등 타 미디어가 성장하고 있는 것에 비해 지상파 방송 매출액은 줄고 있다"고 주장한다. 하지만 정보통신정책연구원(KISDI)이 2009년 내놓은 방송산업 실태조사를 보면 국내 방송매체 시장에서 지상파의 매출액 비중은 여전히 압도적인 수준이다.

조사 결과 지상파 매체(TV+라디오+지상파DMB)의 매출액은 2007년 3조 8,901억 원으로 전체 방송시장(6조 5,501억 원) 대비 65%의 점유율을 차지하고 있다. 2000년(84%), 2003년(76%), 2005년(69%)에 비해 점유율이 내려가고 있지만 케이블TV, 위성DMB, 위성방송(스카이라이프), IPTV 등의 신규 매체가 최근 급속하게 등장하고 있음에도 여전히 압도적인 영향력을 과시하고 있는 셈이다.

전문가들은 이같이 지상파가 압도적 영향력을 유지하고 있는 것은 타 매체인 케이블TV도 지상파 계열 방송채널(PP)이 사실상 장악하고 있기 때문으로 분석했다.

성기현 한국케이블TV협회 사무총장은 "지상파가 만든 콘텐츠가 2차 시장에 PP를 통해서 나가므로 지상파 영향력은 어마어마하다"며 "주문형비디오(VOD)도 지상파 드라마가 주도한다"고 지적한다. 지상파 콘텐츠가 없을 때 케이블에서 볼 만한 게 없을 정도라는 것이다.

자본, 인력, 콘텐츠, 브랜드 가치를 이용한 지상파 방송의 영향력이 케이블TV 등 유료방송 시장으로 옮겨감에 따라 지상파 계열 PP의 시장 지배력은 날로 높아지고 있다. 전체 PP시장(홈쇼핑 제외)에서 MBC드라마, KBS N, SBS드라마, SBS스포츠 등 지상파 계열 PP가 차지하는 매출액 점유율은 2005년 14.5%, 2006년 15.4%에서 2007년 16.9%, 2008년 18%(추정)로 매년 증가하고 있다.

시청 점유율도 32.51%로 CJ 계열(17.60%), 온미디어 계열(17.63%)에 비해 높다. 기존 지상파 방송의 재탕, 삼탕이 많은 지상파 계열 PP의 점유율이 CJ 계열, 온미디어 계열보다 높은 것은 지상파 방송의 영향력이 커지고 있음을 증명한다.

케이블TV 광고 시장도 지상파 계열 PP로 집중되는 것은 당연한 수순이다. 지상파 계열 PP의 매출액 대비 광고수익 비중은 71.5%로 비지상파 계열(홈쇼핑 제외)의 35.5%를 압도하고 있다.

비지상파 계열 PP는 광고 수익이 적다 보니 부대사업, 방송용역, 행사 사업, 지역 홍보물 제작 수입에 의존하고 있으며 이 같은 비중이 전체 매출 대비 44.6%에 달한다. 반면, 광고 수익이 충분한 지상파 계열 PP의 기타 수익 비중은 6.7%에 불과하다.

상황이 이렇다 보니 위성DMB, 위성방송(스카이라이프), IPTV 등 뉴미디어 매체들은 지상파 방송의 재송신에 의존할 수밖에 없었고 이는 거꾸로 경쟁력 약화를 초래하는 악순환이 반복됐다.

전문가들은 이같이 '지상파 왕국'이 된 것은 방송의 산업적 역할보다는 '공익성' 등 정치적 목적을 강조했기 때문으로 분석하고 있다. 전체 경제를 활성화하는 책무보다는 정치적인 영향력을 중요시했다는 것이다.

김강원 방송개혁시민연대 대표는 "지상파 방송이 산업적 역할을 못했을 뿐만 아니라 공영성도 상실한 것이 가장 큰 문제"라며 "보도나 시사에서 편파왜곡, 드라마 예능에서는 선정, 막장 방송을 하고 있다"고 지적했다. 또 "예능 드라마에 숨겨져 있는 반기업적, 반자본주의적 정서도 문제"라고 덧붙였다.

수신료 현실화 없인 고품질 방송 힘들어

한국에서 글로벌 미디어가 탄생하지 못한 결정적 이유로는 '시장 규모의 협소'가 꼽힌다. 한국 방송 시장은 78억 달러 수준으로 미국(1,366억달러)의 5.7%, 일본(236억 달러)의 33%에 불과하다. 한국 방송 시장 전체 규모가 KT나 SK텔레콤 1년 매출액보다 못한 수준인 셈이다. 그나마 2000년 이후에는 시장 포화(지상파TV 침투율 100%, 유료방송 가입률 92.8%)로 성장이 정체되는 양상을 보이고 있다.

이렇게 한국 방송 시장이 규모의 경제를 이루지 못한 것은 광고 시장이 위축된 것과 함께 시청자들이 직접 지불하는 수신료(공영방송·유료방송 수신료)가 비정상적 구조로 형성돼 성장을 가로막고 있다는 지적이 제기된다.

그동안 방송을 산업적 가치보다는 정치적 이유로 판단하다 보니 '제 값을 내고 콘텐츠를 즐기는' 개념이 형성되지 않았고 이는 전체 산업에도 영향을 미친 셈이다. 이에 따라 종합편성 채널 등 새로운 방송이 도입된다고 하더라도 수신료 시장이 정상화되지 않으면 '정상 궤도'에 오르기 힘들다는 지적이 제기되고 있다.

특히 공영방송 KBS 수신료는 1981년 이후 월 2,500원(연 3만 원)으로 동결돼 전체 방송 시장에까지 영향을 미치고 있으며 콘텐츠의 질적 측면에서도 문제점으로 제기되는 상황이다. 반면 영국 공영방송(BBC) 수신료는 27만 491원(139.5유로), 일본(NHK)은 22만 1,414원(1만 4,910엔), 독일(ARD)은 36만 6,112원(204.4유로)에 달한다. 한국은 여전히 3만 원 수준이다. 주요 공영방송사의 운영 재원 중 수신료 수입 비중도 한국은 41%에 그친 반면 영국 BBC는 76%(영국 국내는 100%), 일본 NHK는 97%, 독일 ARD는 81%에 달하고 있다.

공영방송 수신료의 현실화는 한국에서도 BBC나 NHK 같은 글로벌 공영방송을 만드는 토대가 된다는 지적이 많다.

윤석민 서울대 교수는 "공영방송 실천의 근간이 되는 수신료를 30년 가까이 동결시켜 놓고 제대로 된 공영방송 역할을 운운하는 것 자체가 말이 안 된다"며 "말로만 주민재권을 주장할 뿐 그에 따르는 의무를 방기하는 사회적 분위기를 반영하는 것과 같다"고 주장했다.

최시중 방송통신위원회 위원장도 BBC월드와이드 사장을 만난 자리에서 "영국 국민은 한국의 9배에 달하는 수신료를 기꺼이 납부하며 BBC에 대해 주인의식을 갖고 있다는 점이 인상 깊다"며 "수신료가 단순한 TV 시청에 대한 대가가 아니라 공영방송 주인으로서 국민이 고급 문화를 향유하는 비용으로 인식할 필요가 있다"고 강조한 바 있다.

전문가들은 KBS 수신료를 현실화(월 4,000~5,000원)하고 국민을 설득하기 위해서는 정치적 합의와 대국민 설득뿐만 아니라 KBS의 자구 노력이 선행돼야 한다고 입을 모으고 있다.

초저가 유료방송 요금도 시장 선순환을 가로막는 원인으로 꼽힌다. 70여 개 채널에 이르는 서비스에 대한 월 평균 요금은 가구당 월 6,000~7,000원 수준으로 해외 주요국들의 유사 서비스 대비 8~9배 정도 낮은 수준이다.

이는 종합 유선방송(케이블TV)이 시행착오 끝에 콘텐츠 비용을 지불하지 않는 중계유선 방송형 서비스로 귀착되었기 때문이다. 또 사업자들이 방송콘텐츠 사업자(PP)에게 프로그램 공급료를 제대로 제공하지 않는 관행이 형성되어 있기 때문이기도 하다.

김국진 미디어미래연구소장은 "한국 TV 수신료는 대단히 기이한 형태"라며 "일방적 수신료 인상이 아니라 아예 HD 수신료 개념이나 디지털 수신료 개념으로 바꾸는 것이 현실적"이라고 말했다.

PART_ **3**

모바일,
미디어를
삼키다

"여주 강천보에 대량 흙탕물 사태 발생. 주변에 기자 있으신 분들은 긴급하게 연락 요청드립니다. 다리 인근에 계신 분들 사진 촬영 요청드립니다. 문의 010-XXXX-XXXX."

지난 2010년 2월 21일 오전 트위터에 이 같은 소식이 올라왔다. 이 소식은 팔로우(친구)에게 급속도로 전파됐고 일부 신문에 기사화됐다.

2009년에는 서울 역삼동의 강남파이낸스센터에 원인 미상의 불이 나자 트위터에서 실황 중계돼 빌딩 입주자들과 방문객들이 건물

밖으로 신속하게 대피할 수 있던 사건도 있었다. 강남파이낸스센터 화재 사건은 언론보도에 앞서 화재 원인에서부터 화재에 무방비한 해당 건물의 문제점까지 트위터를 통해 전파됐다. 속보는 물론 언론의 역할까지 트위터에서 이뤄진 것이다.

트위터에 140자의 짧은 문장(트윗)을 올리고 이에 대한 반응을 얻는 것만으로 후속 취재를 하지 않고 기사를 쓰는 신문 기자도 속속 생겨나고 있다. 과거에는 술을 잘 마시는 기자가 특종을 얻었지만 이제는 트위터를 가장 잘 활용하는 기자가 앞서간다는 평가가 나올 정도다.

트위터는 스마트폰을 통한 관계맺기 서비스(SNS, 소셜네트워크서비스)의 대표적 사례로 꼽힌다. 트위터는 기존 PC 또는 노트북 기반의 인터넷에서보다 스마트폰에서 강력한 힘을 발휘하기 때문이다.

트위터는 인터넷에서는 큰 위력을 발휘하지 못한다. 싸이월드 등 기존 관계맺기 서비스가 존재하고, 네이버, 다음 등 포털에서 빠르게 속보를 전달해주는 한편, 댓글이나 메신저를 통한 소통이 가능해 대체제가 존재한다.

그러나 스마트폰에서 트위터는 신문과 방송의 영향력을 넘보고 있다. 트위터 친구(팔로우, 팔로어)끼리 연결돼 있어 실시간 속보와 전파가 가능하다. 기존 포털이나 메신저 등의 전파 수단도 트위터의 힘에 미치지 못할 정도다.

트위터가 언론사 속보보다 위력적으로 평가받는 것은 더 이상 뉴스가 아닐 정도로 많은 언론사에서 분석 기사를 쏟아냈다. 각 언론사에서는 이미 '140자 트위터 혁명'이라며 트위터의 위력을 사회현상으로 분석, 기획 기사 형식으로 보도했다. 김연아, 가수 이적, 작가 이외수 등 유명인이 직접 논쟁적인 댓글을 달 때만 일회성으로 보도하기도 한다.

그러나 신문, 방송 등 국내 언론사는 이 같은 '트위터의 힘'을 사회현상 이상으로 분석하지 못하는 듯하다. 즉, 자사의 경쟁력과 영향력을 높이는 데는 활용하지 못한다는 뜻이다. 실제로 트위터에 계정을 개설한 국내 언론사는 많지 않다. 기자들이 개별적으로 계정을 개설해 활동하고 있지만 언론사 차원에서 체계적으로 접근하지 못하고 있다. 이미 계정을 개설했다고 하더라도 이를 적극 활용하는 언론사는 거의 없다.

한국의 언론에 있어 트위터 같은 뉴미디어 수단을 통한 뉴스 전달은 여전히 아이디얼(이상, ideal) 또는 아이디어(구상, idea) 수준에 머무르고 있는 것으로 보인다. 그러나 〈뉴욕타임즈〉, 〈타임즈〉, ABC, CNN 등 미국의 주요 언론들은 대형 사건이 있을 때마다 기존 매체뿐만 아니라 소셜 네트워크를 적극 활용해 영향력을 확대하고 있다.

최근 아이티 대지진이 발생했을 때 하루가 지나지 않아 경쟁적

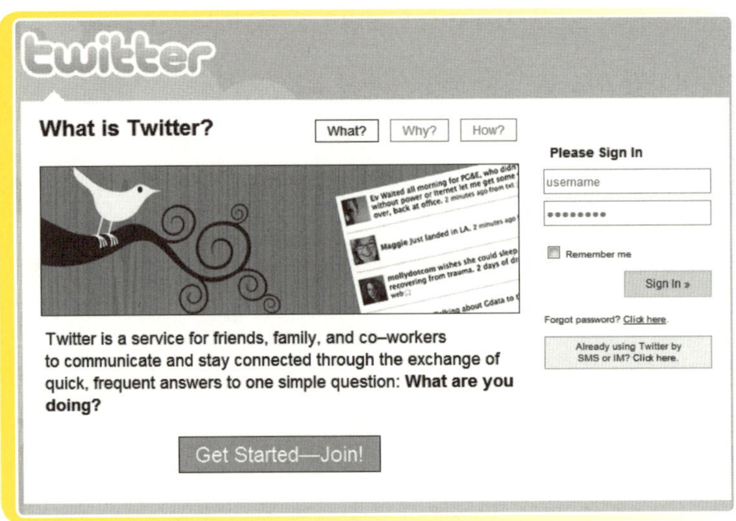

글로벌 SNS 혁명을 일으키고 있는 트위터.

으로 트위터 페이지에 계정(@nytimes/Haiti-earthquake)을 만들어 대응한 사실이 이를 증명한다. 미국 미디어는 지난해에는 인도 뭄바이 테러, 마이클 잭슨 사망, 이란 대선 등의 사건에서도 트위터를 적극 활용했다.

트위터의 속보 기능이 각광을 받자 미국의 뉴스채널 MSNBC는 팔로어를 140만 명이나 확보한 속보(@breakingnews)라는 계정을 PV 미디어그룹에서 고가에 구입하기도 했다.

MSNBC는 이미 '브레이킹뉴스닷컴(www.breakingnews.com)'이란

사이트를 운영하며 속보 관련 브랜드를 강화하고 있는데 더 효과적으로 속보를 파하기 위해서는 트위터가 가장 현실적인 대안이었던 것이다.

여기서 주목해야할 것은 '트위터'란 서비스가 아니다.

한국에서도 스마트폰이 대중화되면서 미디어 전달 방식이 근본적으로 바뀌고 있다는 점을 주목해야 한다. 기존 미디어의 전달 방식이 독자와 시청자가 누구인지 정확히 알 수 없는 일대다(一對多) 방식의 '방송(放送, Broadcasting)'개념이었다면 인터넷 미디어는 이를 일대소(一對少) 방식의 '협송(狹送, Narrowcasting)'으로 바꿔 놨다.

스마트폰의 장점은 사용자가 누구인지 특히 위치가 어디인지를 정확히 알 수 있다는 엄청난 이점이 있다. 때문에 스마트폰 대중화는 미디어를 사용자에게 콕 찍어 전달하는 다대다(多對多) 방식의 '점송(点送, Pointcast) 시대'로 이끌 것으로 예상된다.

신문과 방송은 인터넷이 미칠 영향을 예측하지 못해 '올드미디어' 중환자 취급을 받고 매출 부진과 영향력 감소의 타격을 받았다. 이제 스마트폰 확산과 트위터 등장에 따른 포인트캐스트 시대 도래로 인해 기존 신문과 방송은 '과거완료형 미디어'로 식물인간 취급을 받게 될지 모른다.

이는 기존 신문과 방송이 '포인트캐스트'의 등장에 대한 통찰력(Insight)없이 남의 일로 치부하거나 여전히 전략적으로 사고하지 못하기 때문이다. 스마트폰과 트위터는 미디어 환경을 크게 바꾸고 있는데 이를 전달하는 데만 급급한 나머지 자사(미디어)의 일하는 환경을 바꾸고 새 비즈니스 모델을 만드는 데까지는 생각이 미치지 못하고 있다.

대표적 사례가 '스마트폰 보급'이다. 국내 일부 신문사가 기자 또는 간부에게 애플 아이폰이나 삼성 옴니아2 등의, 스마트폰을 보급했다. 다수 신문, 방송사는 여전히 스마트폰 도입을 적극 검토하고 있다. 삼성전자와 KT 등에 따르면 10~15개 회사가 스마트폰 도입을 문의했다고 한다.

그러나 스마트폰을 편집국 기사 작성 및 미디어 기업의 업무에 활용할 생각까지는 미치지 못하고 있다. 포인트캐스트 시대에 맞게 기사 작성 및 송고 시스템, 편집까지 일괄적으로 바꿔야 스마트폰 도입 효과가 높아진다. 그러나 지금까지 언론사 전용 스마트폰 솔루션이 개발됐다는 소식은 들은 바 없다.

도시철도공사, 코오롱그룹, 포스코, 삼성증권 등 스마트폰을 보급한 회사들은 자사 솔루션을 3~6개월씩 개발, 이를 탑재해 직원들에게 나눠줬다. 그러나 언론사는 '모바일 시대에 맞는 아이디어를 내라'는 수준에 머물러 있다. 준비 없이 맞이하는 모바일 시대는 몰락을 재촉하는 길임을 아직 인식하지 못하고 있는 듯하다.

신문, 언론사가 잇따라 내놓고 있는 애플 아이폰용 어플리케이션도 '해야 하기 때문에 낸다'는 수준을 벗어나지 못하고 있다. 포인트 캐스트 시대에 맞는 적합한 비즈니스 모델을 찾지 못해 갈팡질팡하고 있는 것이다.

애플 앱스토어에 올린 언론사 응용프로그램(어플리케이션)은 〈전자신문〉이 처음 유료로 개발·발표했으며, 〈매일경제〉가 아이폰 출시 전인 2009년 10월 국내 언론사로는 최초로 무료 어플을 선보였다. 아이폰 등장 이후 〈중앙일보〉, 〈아시아경제〉, 〈한국일보〉, 〈서울신문〉, 연합뉴스, YTN 등이 잇따라 어플리케이션을 내놨다.

유료 어플(0.99달러)을 출시한 중앙 일간지는 현재까지 전자신문이 유일하다. 나머지 언론사는 모두 무료로 공급하고 있으며 매일경제신문이 이 중 유일하게 광고를 개제하고 있다. 즉, 상당수 언론사가 출시한 어플리케이션이 수익창출로는 이어지지 못하고 있어 개발비와 유지비를 고스란히 비용으로 처리하고 있다는 뜻이다.

언론사 뉴스를 어플리케이션에서 유료로 판매하는 것은 쉽지 않아 보인다.

〈뉴욕타임즈〉, 〈타임〉, 〈파이넨스타임즈〉, 〈USA투데이〉, 〈LA타임즈〉 등 미국의 유력 매체도 무료로 선보였으며 유료 뉴스 어플리케이션은 맞춤형 정보구독(RSS, Really Simple Syndication) 어플이 많다.

미국 미디어의 어플리케이션은 전 세계에서 다운로드하기 때문에 광고를 유치하는 것이 어렵지 않다. 그러나 한국의 미디어 어플리케이션은 언어가 한국어인 데다가 아이폰과 아이팟터치를 포함 아직 50~60만 대 수준을 벗어나지 못하고 있다. '뉴스=무료'라는 인식이 굳어져 이를 극복하기가 쉽지 않은 점도 걸림돌로 작용한다.

광고주들은 모바일의 경우 100만 명 정도 사용자가 도달해야 광고 효과를 노릴 수 있다고 보고 있다. 가장 많은 다운로드를 기록한 〈매일경제〉가 20만 다운로드를 돌파했고 항상 쓰는 이용자는 8만~9만 명 수준이다. 모바일 광고 시장이 꾸준히 성장할 것으로 예상되지만 한국에서는 기업들이 모바일에 광고할 만한 '규모의 경제'에 도달하기에는 시간이 필요하다.

혹시 규모의 경제에 도달했다 하더라도 "타사에만 주고 우리 신문(방송)에 광고를 안주면 보복 기사를 내겠다"는 식의 관행이 남아 있어 언론사의 적극적 비즈니스 모델 개발이 곧 수익 창출로 이어지는 것을 원천봉쇄하고 있다. 지금도 국내 대기업들은 각 신문, 방송사로부터 모바일 광고 제안을 받고 있으나 "특정 언론에만 광고를 하면 타사에서도 (광고를) 달라고 하기 때문에 할 수 없다"고 하소연한다.

그렇다면 포인트캐스트 시대를 맞아 기존 언론은 수익을 창출하면서 영향력을 넓히는 방법은 없는 것인가? 짧게 보면(1년) 희박하지만 하지만 중기적(2~4년)으로는 가능성이 있으며 장기적(5~10년)으로는 '무궁무진하다'고 대답할 수밖에 없다. 즉, 앞으로 1~2년간 본격적인 준비기라고 생각하고 중장기 비전을 세우면 모바일 시대에도 수익 창출과 영향력 확대(유지)라는 두 마리 토끼를 잡을 수 있다는 것이다.

가능성이 무궁무진한 이유는 첫째 모바일 광고 시장의 성장이다. 언론의 가장 큰 수익원은 앞으로도 광고일 수밖에 없는데 신문, 방송 광고 시장은 줄어들지만 모바일 광고 시장은 해마다 큰 폭으로 성장할 것으로 예상된다. 실제로 시장조사 전문기관(프로스트&설리번, 2008년 10월)에 따르면 한국의 모바일 광고 시장은 2009년 2,100억 원에서 2010년 2,750억 원, 2011년에는 3,500억 원, 2012년에는 4,500억 원 수준으로 급성장할 것으로 예상된다. 기존 언론사가 미리 준비하지 않으면 2년 후 2009년에 비해 2배 이상 성장하는 모바일 광고 시장을 포털의 과실로 또 다시 넘겨줄 수 있다.

둘째, 뉴스는 여전히 킬러 서비스라는 것이다. 뉴스에 대한 욕구는 시간이 지나도 변하지 않는다. 다단 인터넷 시대에는 무료로 제공받아 뉴스에 대한 가치가 낮아졌을 뿐이다. 모바일 포인트캐스트 시대는 '장소'가 중요하기 때문에 분초를 다투는 '속보(速報)'뿐만 아니라 특정 장소, 이용자가 있는 장소에서 벌어지는 뉴스 '소보(所報)'를 제공하면 뉴스의 가치가 올라갈 것이다.

이를 위해 언론은 비즈니스 모델을 재검토해야 한다. 지금까지는 방송, 지하철방송, 옥외 광고판, 인터넷 등의 플랫폼에 뉴스를 노출시키고 이를 광고 수익으로 연결하는 방법만을 고민해왔다. 이제는 뉴스 제공을 핵심 경쟁력으로 유지하면서 다른 서비스와 화학적으로 섞는(Mash Up) 방법을 적극 검토해야 한다.

예를 들어 미국의 시클릭픽스닷컴(www.seeclickfix.com)은 이용자들이 각 지역에서 벌어지는 불만을 스마트폰으로 올리면 이를 〈뉴욕타임즈〉 등 언론에 개제하는 비즈니스 모델을 개발, 기존 언론의 주목을 받고 있다.

일본의 1위 광고 업체 덴츠(Dentsu)의 변신도 좋은 사례다. 덴츠는 종합 미디어기업으로 탈바꿈하기 위해 2010년 1월 21일 일본에서 증강현실(AR) 기술과 위치정보 기술, 모션 센서 기술을 결합한 아이폰용 전자쿠폰 어플리케이션 아이버터플라이(iButterfly)를 공개, 시선을 집중시켰다.

아이버터플라이는 아이폰 카메라로 특정 거리나 건물을 비출 때 화면 속 이미지에 나타나는 나비를 이용자가 잡아 수집하고 이를 제품 구매 또는 콘텐츠 이용 시 사용할 수 있게 한 것이다. 기업의 프로모션이나 제품 홍보에 활용할 수 있어 지금도 많은 주목을 받고 있다.

여기에 실시간 뉴스 서비스와 광고를 결합한다면 막강한 비즈니스 모델이 나올 수 있다는 평가다. 덴츠는 이를 위해 기업 내 디지털 사업을 총괄하기 위한 '덴츠디지털홀딩스(Dentsu Digital Holdings)'를 설립했으며 디지털 사업 영역의 원스톱 서비스 체제를 완성했다. 한국의 언론사도 기존 수직적 체계인 편집국, 광고국, 판매국 등의 체제를 벗어나 디지털에 맞게 수평적 조직으로 탈바꿈하는 방안을 검토해볼 만하다.

디지털 사업 영역을 완전히 재편할 필요도 제기된다. 덴츠는 미디어 그룹의 디지털 전략을 일원적으로 입안하고 실행하는 디지털미디어국(디지털비즈니스국)을 신설했다. 이를 통해 트위터, 모바일 광고 등 인터렉티브 미디어 부분을 핵심으로 디지털 관련 기능을 종합 관리하려 하고 있다.

무엇보다 한국의 언론사가 영향력을 유지하고 수익도 창출하기 위해서는 '묵은 관행'을 벗어나는 것이 시급하다. 기존 미디어에서 쌓은 영향력을 전이하기 위해 투자를 전혀 하지 않거나 수익을 독식하려 하거나 정당한 개발 대가를 지불하지 않는 태도는 수익창출은커녕 불신을 야기할 수 있을 것이다.

한국 언론이 모바일 포인트캐스트 시대에 승리하기 위해서는 '환골탈태'수준으로 변해야 한다. 출퇴근 및 점심저녁 자투리 시간이 '골든타임'이 되는 모바일 시대에 맞춰 뉴스 생산 시스템을 바꾸고

디지털 광고 비즈니스의 정확한 성과를 측정할 수 있는 효과적인
ROI(Return on Investment) 측정 방법을 도입해야 한다.

무엇보다 단일하고 흔들림 없는 전략을 세워 미디어 성격에 맞
는 책임 있는 자세를 취해야 한다. 이를 통해 이용자(독자, 시청자)
와 광고주의 신뢰를 동시에 확보하는 것이 무엇보다 중요한 과제일
것이다.

"트위터가 처음 나왔을 때는 아무 쓸모없는 서비스였는지 모르지만 이제는 모든 것을 바꾸어놓는 서비스가 되었다. 그리고 이제는 돈을 벌 때가 된 것이다."

2009년 한국을 찾은 비즈 스톤 트위터 공동창업자는 〈매일경제〉가 주최한 세계지식포럼에서 트위터의 유료화 방안을 조심스럽게 밝혔다. 비즈 스톤은 트위터의 미래를 개방성에서 찾아내며 결국 미래 인터넷 기업 중 가장 성공한 기업은 가장 개방적인 기업에서 나올 것이라고 예견했다. 비즈 스톤 트위터 창업자의 말을 통해 개방

트위터 창업자 비즈 스톤.

화된 미래와 모바일 인터넷의 모습에 대해 잠시 알아보자.

그는 "트위터는 사람들이 소통하고 표현하게 만들어 '세계시민'으로서 다른 지역 문제에 대해서 알고 동질감을 느끼게 만들고 있다"며 "미래로 갈수록 개방성이 중요하다"고 말했다.

비즈 스톤은 트위터를 창업하기 전 구글에서 블로그 서비스에 관여했다. 그는 구글의 블로그 서비스인 블로거닷컴의 프로그래밍 엔지니어로 근무할 당시 에릭 슈미트 구글 회장에게 들었던 일화를 청중들에게 말했다.

"운전을 할 때 뒤따라오는 차를 사이드미러로 살펴보는 일은 대단히 중요한 일이다. 하지만 사이드미러만 뚫어져라 쳐다보면 어느새 자기가 운전하고 있는 차는 길가에 나가떨어지게 된다. 경쟁자들이 어떻게 움직이고 있는지를 아는 것은 대단히 중요한 일이지만 자신의 일에 집중하는 것이 더 중요하다."

자신이 어떤 가치를 고객들에게 전달할 수 있는 지에 집중해야만 성공할 수 있다는 것이 비즈 스톤의 사업 철학이다. 이러한 비즈스톤이 생각하는 인터넷의 미래는 모바일이다. 트위터가 모바일 서비스로 대 성공을 거둔 것도 우연은 아니다.

스톤은 "모바일이 인터넷을 대체하는 게 아니라 인터넷의 의미를 더욱 풍부하게 확장할 것"이라며 "아직까지 인터넷 사용자는 13억 명뿐이 되지 않지만 휴대폰 사용자는 무려 40억 명이나 있다"고 강조했다.

비스 스톤은 가장 뛰어난 인터넷 기업인 구글에서 벗어나 트위터라는 새로운 도전에 나선 것을 이렇게 설명했다.

"우리는 새로운 창업을 했다. 감정적이고 개인적으로 그리고 적극적으로 구글에 대신할 수 있는 서비스를 만들어 보자는 생각을 한 것이다. 개인들은 문자메시지나 인스턴트 메신저로 메시지를 전달한다. '아프다'라고 말하면 사람들이 '어디가 아프냐', '열이 날 때는 무엇을 해야 한다'는 조언을 쏟아낸다. 이러한 소소한 부분을 보낼 수 있다면 좋을 것이라고 생각했다. 어떤 휴대폰이라도 상관없이 이러한 서비스를 이용할 수 있는 길을 연구했다. 초기 버전을 만들고 실험할 때였다. 와이프와 버클리에 집을 샀다. 동네가 너무 더워서 카펫을 전부 없애기로 했다. 덥고 땀도 나고 일이 많았다. 이러한 일을 트위터에 올렸더니 얼마 후 전화기가 울렸다. 내 메시지를 받은 친구는 시원한 음료수를 마시고 있다고 날 놀렸다. 엄청 기분이 나빴다. 그런데 그 때 성공가능성을 확신했다. 개인적이고 감정적인 일들이 공유될 수 있다는 아이디어에서 트위터는 시작된 것이다."

사실 트위터는 초기에는 재밌는 서비스였지만 유용한 서비스는 아니었다. 그도 그럴 것이 창업자들조차 재미삼아 시작한 일이었기 때문이다. 당시 또 다른 공동 창업자 중 한 명이 "아이스크림도 즐거움을 주지만 유용한 것은 아니지 않느냐"라고 반문했다고 한다. 하지만 사람들은 이내 트위터의 활용도를 찾아냈다.

비즈 스톤은 "한 번은 실리콘 밸리에 있는 컨퍼런스에 참가했는데 사람들이 회의가 끝난 후 우루루 방을 옮기는 모습을 볼 수 있었다"며 "사람들이 회의 중간에 트위터로 이 강연은 지루하다, 다른 강연은 실무적인 내용이 알차더라 등등의 정보를 공유하자 커피 브레이크가 시작한 이후 일제히 방을 바꾼 것"이라고 말했다.

지금은 트위터의 활용도가 무한히 확장되고 있다. 이란 선거 부정 반정부 시위가 있었을 때 트위터는 전 세계로 통하는 속보창구가 됐다. 아이티 대지진 때는 구호를 위한 필수 소통도구가 됐으며 아이슬란드 화산 폭발로 유럽 공항이 봉쇄됐을 때도 사람들은 트위터에서 정보를 찾아 귀국 길을 알아보았다.

비즈 스톤은 "트위터를 이렇게 빠른 시간에 성공시킨 것은 전적으로 트위터를 스마트하게 활용한 이용자들의 공로"라며 "사용자들이 트위터의 잠재력을 파악한 것이다. 어떤 기업은 트위터를 마케팅에 사용하고 또 다른 기업은 서비스에 이용한다. 이 둘을 모두 활용하는 기업도 있다"고 말했다.

그는 케이블TV 사업자에 대해 아주 불만이 많았던 한 블로거에 대해 이야기했다. 그 블로거가 트위터에 글을 올렸고 케이블TV 업체는 이 블로거의 트위터를 지켜보고 있었다. 불만의 글이 올라온 지 5분 만에 그 블로거에 연락이 갔다.

"고객님의 문제가 무엇입니까?"

비스 스톤은 "기술이 아무리 발달하더라도, 기계가 아무리 첨단화되더라도 이를 이용하는 사람들을 이길 수 없다"며 "개방화된 정보의 교류만이 세계에 기여할 수 있다고 생각한다"고 말했다.

트위터의 발달로 고객의 불만이 더 빨리 그리고 더 광범위하게 전파될 수 있다는 점에 많은 기업들은 우려를 표시하고 있다. 기업들은 미지의 것에 대한 공포로 무작정 트위터를 만들지만 제대로 된 활용을 하지 못해 트위터 이용자들에게 경원시되기 일쑤다. 이에 대해 비즈 스톤은 트위터 효과(Twitter effect)에 대해서 기업이 생각보다 우려할 필요는 없다고 단언했다.

"영화가 끝나고 나면 사람들은 트위터를 한다. 재밌다는 메시지가 많으면 다음 날 표는 매진된다. 그 반대라면? 극장은 텅텅 비게 될 것이다. 과거에는 안 좋은 뉴스가 전파되는 데 시간이 필요했다. 거장의 졸작이라도 일주일은 버틸 수 있는 기회가 있었다. 하지만 지금은 그럴 수 있는 기회가 사라졌다. 기업은 이제 안 좋은 뉴스 전파를 어떻게 막을까를 고민해야 하는 시기가 아니다. 오히려 좋은 뉴스를 어떻게 더 빨리 전달할까에 대해 고민해야 한다. 입소문이라는 것은 이전에도 있었고 지금도 있고 앞으로도 있을 것이다. 트위터가 전혀 새로운 현상은 아니다."

2009년 페이스북의 5억 달러 인수 제안을 거부한 데 대해 그는 "시기가 적합하지 않았다"며 "가치를 창출하는 독립적인 회사가 되고 싶다"고 답했다. 그는 "금액이 회사의 가치를 평가하는 기준이 아니다"라고 단언했다. 루퍼드 머독이 이끄는 뉴스코퍼레이트가 마이스페이스를 인수하고 트위터에 대한 거액의 인수제안이 끊이지 않는 이유에 대해 그는 이렇게 설명한다.

"큰 회사가 SNS 회사를 인수하는 이유는 모두 다르다. 하지만 큰 그림을 보면 그 이유를 알 수 있다. 바로 커뮤니케이션의 방향이 그렇게 흘러가고 있다는 것이다. 오픈 플랫폼에서 사람들은 더 많이 소통하고 더 큰 가치를 얻을 수 있다. 오픈소스가 인기가 많아지고 있으며 개방성의 철학이 그 어느 때보다 중요해지고 있다. 이런 철학을 가진 기업이 더 많이 더 높이 더 멀리 나갈 수 있다. 결국 더 넓은 네트워크를 구축할 수 있다는 말이다. SNS는 광고도 할 수 있고 홍보도 할 수 있고 내재된 바이럴 마케팅 툴도 있다.”

정작 트위터는 제대로 된 유료화 모델이 없다는 지적이 많았다. 엄청난 양의 문자메시지를 쏘아주면서 어떻게 수익을 맞출 수 있는가에 대한 의문이었다. 비즈 스톤 창업자가 생각한 가장 간단한 아이디어는 ‘광고’이지만 그것이 트위터가 추구하는 바는 아니었다.

“광고를 하지 않는 이유는 서비스가 굉장히 일관성 있고 가치 전달이 목적이기 때문이다. 도움 안 되는 것은 안 한다는 원칙이다. 구글도 처음에는 매출이 없었다. 하지만 매출이 없다는 것이 꼭 나쁜 일은 아니다. 필수불가결한 도구가 되는 것이 먼저다.”

이어 그는 다음과 같이 설명했다.

“그 이후엔 어떻게 도움이 될 것인가를 고민해야 한다. 개인에 대해서 무료로 제공하는데 이것이 기업들에게 좋은 일인지 아닌지를 판단할 수 있도록 만든다면 사업성이 있을 것이다. 우리는 모든 트윗을 추적할 수 있다. 이 트윗이 맥에서 올라온 것인지 PC에서 올라온 것인지, 아니면 스마트폰인지도 확인할 수 있다. 기업 입장에서 이러한 정보는 매우 유용한 정보가 될 수 있다. 특정 기업이 언급된

트윗이 몇 번 링크가 되었고 몇 번 클릭이 되었는지 어느 지역에서 많이 보았는지를 알 수 있다. 우리는 이러한 정보를 가공해서 기업들에게 제공할 수 있고 기업은 트위터를 더 잘하게 되고 팔로어도 늘어날 것이다. 원하는 정보를 얻어내게 되고 선순환이 일어날 것이다. 이것이 우리가 추구하는 성공을 가늠하는 지표가 될 것이다."

트위터의 창업자 비즈 스톤

트위터는 미국 샌프란시스코 실리콘밸리에 있다. 직원은 175명으로 전 세계 이용자 1억 5,000만 명에 비하면 생각보다 훨씬 적다. 비즈 스톤은 보스턴 태생으로 동부에서 자랐지만 결혼 후 3년 전부터 아내 리비아와 함께 인근 버클리에서 살고 있다. 극단적 채식주의자로, 육류, 생선, 갑각류 등 동물과 동물에서 유래한 우유, 치즈 등 유제품을 먹지 않으며 채소와 두부만 먹는다. 'Xanga' 'Blogger' 'Odeo' 등 소셜 네트워크 서비스(SNS)에 바탕한 블로그를 개설해 큰 인기를 얻었으며, 이때의 경험을 토대로《웹콘텐츠를 위한 똑똑한 전략》, 《누가 블로그를 시작했는가》등 2권의 책을 펴냈다.

2007년 1월 9일. 미국 샌프란시스코에서 열린 맥월드 엑스포 기조 연설에서 애플의 창업자이자 최고경영자(CEO)인 스티브 잡스는 회사 이름 변경을 알렸다. 1977년 1월 3일 시작된 '애플 컴퓨터(Apple Computer, Inc)'라는 이름을 정확히 30년 만에 '애플(Apple Inc)'로 단순화한 것이다.

애플 사명 변경은 단순한 의미가 아니다. 컴퓨터와 관련된 과거와 단절하면서 폭넓은 소비자 가전제품을 판매하는 회사로의 변신인 것이다. 새로운 제품 카테고리를 창출한다는 면에서 단순한 변신을 넘어 도약에 가까운 모습이다.

애플의 창업자인 스티브 잡스가 1997년 애플에 복귀했지만 PC 시장에서 애플의 존재는 미미했다. 마이크로소프트(MS)의 운영체제(OS)인 윈도우와 인텔의 중앙연상장치(CPU)의 결합이 만들어내는 소위 '윈-텔' 아성을 깨기 어려웠기 때문이다. 잡스가 복귀 후 아이맥을 야심차게 내놨지만 성장속도는 지지부진했다.

이때 잡스가 선택한 것이 MP3플레이어인 아이팟이다. PC의 영역에서 가전의 영역으로 본격 진입한 것이다. 2001년 아이팟이 모습을 드러냈을 때 많은 사람들은 애플의 기존 제품처럼 마니아들이 구입하는 영역에서 그칠 것으로 예상했다. 특히 1세대 아이팟은 애플 PC에서만 작동하는 제품이었다. 디자인에서도 당시 주류를 이루는 제품들이 작고 귀여운 모양이었다면 아이팟은 하드디스크 크기 그대로의 투박한 형태였다.

하지만 애플의 아이팟은 MP3플레이어 시장의 지도를 바꿔놓았다. 쉬운 조작 방식은 젊은층들이 사용하던 MP3플레이어를 중장년층으로까지 확대시켰다. 오래된 라디오의 커다란 다이얼 버튼을 연상시키는 휠 방식의 조작방법은 나이 많은 사람들에게도 익숙했기 때문이다. 저장용량이 커서 한 번에 수백여 장의 CD에 해당하는 음악을 다운로드 받고 이용할 수 있게 한 것도 사용층을 넓힌 좋은 이유였다.

여기에 애플은 아이튠즈라는 강력한 무기를 추가했다. 아이튠즈는 아이팟을 관리하는 도구이면서 동시에 아이튠즈 스토어라는 음악을 다운로드 받을 수 있는 게이트웨이다. 당시 '냅스터'로 대표되는 불법 음원으로 고민하던 음반업계는 애플의 존재를 반겼다. 유명 음반회사들과의 계약을 통해 애플은 한 곡에 99센트(약 1,200원), 앨범 한 장에 9.99달러(약 1만 2,000원)의 가격으로 음반유통을 시작했다.

아이팟의 제품군도 다양화했다. 아이팟 나노와 아이팟 셔플 등 차별화된 소비자층을 공략하는 제품을 내놨다. 나노와 셔플은 기존 아이팟 사이즈보다 작은 것을 요구하는 계층에게 딱 들어맞았다. 아이팟을 이미 갖고 있으면서도 새롭게 나노와 셔플을 구매하는 사람들이 적지 않았던 것도 이러한 이유다.

아이팟의 성공은 아이폰으로 이어졌다. 이미 풀터치 방식으로 작동하는 아이팟 터치를 통해 아이폰의 가능성을 확신했던 잡스는 2007년 휴대폰 시장에 본격 진출을 선언하며 아이폰을 공개했다.

이해 7월에 공식 출시된 아이폰은 전 세계에서 뜨거운 반응을 일으켰다. 미국뿐 아니라 일본, 영국, 프랑스 등에서도 아이폰 구입을 위해 애플 스토어에 새벽부터 나와 긴 줄을 서는 풍경이 연출됐다.

출시 때만 해도 신생 휴대폰 업체였던 애플은 1년 만에 스마트폰의 대표 기업으로 자리 잡았다. 애플은 세계 1위 휴대폰 업체인 노키아를 제치고 모든 휴대폰 업체가 벤치마킹하는 대상이 됐다. 심지어 노키아도 애플 따라하기에 나섰을 정도로 '트렌드 세터(Trend Setter)'로 확실히 자리 잡았다.

애플의 가장 돋보이는 점은 앱스토어(App Store)로 대표되는 새로운 비즈니스 모델을 만든 것이다. 앱스토어는 소프트웨어 또는 어플리케이션 장터 정도로 소개된다. 개발자들이 애플 아이폰에서 운영될 수 있는 프로그램을 자유롭게 올리고 사용자들은 무료 또는 일정액을 내고 그 프로그램을 다운로드 받으면 된다. 수익은 애플이 3, 개발자가 7을 가져가는 구조다.

단순히 전화 기능에 불과하던 휴대폰이 다양한 프로그램도 사용할 수 있게 된 것은 애플이 만든 상생 구조의 앱스토어 덕분이다. 개발자들은 자신이 만든 어플리에케이션이 많이 팔리면 돈을 벌 수 있으니 좋은 제품을 열심히 만들어 애플에 공급한다. 애플은 다양한 앱스토어의 프로그램 덕분에 이를 이용하는 하드웨어인 아이폰을 많이 팔 수 있다. 누이 좋고 매부 좋은 구조인 셈이다. 아이폰의 성공으로 애플의 '영업이익률'은 경쟁사들이 추격하지 못할 정도로 높아졌다.

2009년 상반기 애플 아이폰 영업이익률은 무려 40%에 달했다. 애플은 제조업이지만 아이폰 1,000원어치를 팔면 400원을 남겨 구글이나 마이크로소프트(MS)와 같은 소프트웨어 업체를 연상케 했다. 이는 노키아(11.3%), 삼성전자(10.5%), LG전자(9.1%) 등 휴대폰 빅3를 압도하는 상황이다. 애플 아이폰과 함께 스마트폰 열풍을 주도한 림(블랙베리)도 2009년 상반기 영업이익률이 20.7%에 그친 것을 보면 애플 이익은 입이 벌어지는 수준이라는 것을 알 수 있다.

애플 아이폰의 글로벌 휴대폰 시장 점유율은 2~3% 수준에 불과하지만 영업이익 점유율은 25~32%에 달했다. 전 세계 휴대폰 업체들이 물건을 팔아 벌어들인 돈 가운데 3분의 1은 애플이 가져갔다고 해도 과언이 아닐 정도다.

애플이 이 같이 높은 이익을 내는 데는 스티브 잡스를 내세운 '고집'의 힘이 있었다는 분석이다. 애플은 한국에서도 출시되기 전부터 화제가 되고 규제 기관이 스스로 규제 해제를 검토할 정도로 각국에서 절대적 힘을 발휘하고 있다. 이 같은 상황은 한국에서만 벌어진 것은 아니다. 자존심 센 구글도 중국에서는 고개를 숙이고 들어갔지만, 애플은 심지어 중국에서조차 자기 요구사항을 관철해 냈을 정도다.

기존 휴대폰 업체들이 물량과 수익, 서비스 등에서 각국 이동통신 사업자의 절대적 영향력에서 벗어나지 못하는 반면 애플은 자사 이익률과 판매 수량, 서비스 등에서 절대 양보하지 않는 고집을 보이면서 브랜드 파워도 동시에 높이고 있다.

이러한 자신감은 2010년 선보인 태블릿PC인 아이패드로 이어졌다. 아이패드는 9.7인치 화면을 장착한 PC다. 화면을 손가락 터치로 움직일 수 있고 e북과 뉴스, 영화, 음악, 드라마 등 다양한 콘텐츠를 즐길 수 있다. 3.5인치 크기의 답답한 아이폰 화면에 불만을 느꼈다면 보다 넓어진 아이패드를 통해 보다 많은 작업을 할 수 있게 됐다.

특히 아이패드는 TV와 컴퓨터, e북 단말기, 게임기 등에서 따로 소비해 온 여러 종류의 콘텐츠를 한 군데서 즐길 수 있는 통합 환경을 제공해 '블랙홀'과 같은 콘텐츠 소비 흡입력을 발휘하고 있다. e북과 신문 등 전통적 미디어는 콘텐츠 유료화의 중요한 교두보를 마련했다는 점에서 아이패드 출시를 반기는 분위기다. 이미 신문·출판업계의 움직임이 거세다.

기존 웹(Web) 시대에는 각종 뉴스와 정보 콘텐츠를 제값을 받지 못하고 무료로 제공하는 경우가 대부분이었지만 아이패드 혁명은 앱스토어를 통해 콘텐츠를 사고파는 유료화 시장의 부활을 이끌 것이란 게 전문가들의 견해다.

조산구 KT종합기술원 상무는 "PC 웹에서는 키워드 검색이나 포털 헤드라인을 통해 뉴스를 소비했지만 아이패드는 신문 지면과 비슷한 경험을 제공하는 게 차이점"이라며 "포털의 뉴스 헤게모니가 신문으로 다시 넘어갈 가능성이 크다"고 내다봤다.

아이패드는 신문이나 잡지와 유사할 만큼 매력적인 구독 경험을

스티브 잡스의 아이패드를 다룬 타임지 표지.

줘 돈을 주고 사 보고 싶은 욕구를 이끌어낼 것으로 보인다. 또한 대형 포털의 독과점적인 뉴스 소유 구조가 개방화된 장터식으로 다원화되는 점은 포털의 영향력을 떨어뜨리는 요인이다.

〈월스트리트저널〉은 아이패드용 온라인 신문 구독료를 월 17.99달러로 책정했고, 〈파이낸셜타임스〉는 아이패드 어플리케이션(앱)을 출시할 방침이다. 타임워너도 〈타임〉 풀에디션을 공개할 계획이다.

아이패드는 TV 드라마와 영화 등 각종 동영상의 소비처로도 급부상하고 있다. 아이패드는 온라인 DVD 대여 사이트인 넷플릭스 앱과 ABC방송 콘텐츠를 즐길 수 있는 플레이어, CBS 라디오 등을 제공한다.

아울러 '아이북(iBook) 장터'를 통해 공급되는 e북 콘텐츠는 가장 기대되는 분야다. 애플은 아이패드로 3만 권에 달하는 e북 콘텐츠를 제공할 것으로 보여 서적 시장의 유통구조에 일대 지각변동을 몰고 올 전망이다. 전문가들은 아이팟(iPod)이 음악 시장을, 아이폰이 모바일 소프트웨어 시장을 바꿨다면 아이패드는 e북 시장에 큰 영향을 줄 것으로 예상하고 있다.

소니와 마이크로소프트 등이 주도해 온 가정용 게임기 시장도 아이패드가 잠식하게 되리란 전망이 나온다. 본격적으로 게임 콘솔과 경쟁하기에는 하드웨어나 콘텐츠 면에서 차이가 있지만 간단히 집에서 즐길 수 있는 게임 위주로 점유율을 높여갈 것이라는 분석이다.

아이팟과 아이폰, 아이패드에 이은 애플의 차기작은?

자신이 창업한 회사에서 독선적인 경영 때문에 쫓겨났던 애플 CEO(최고경영자) 스티브 잡스. 1997년 애플에 다시 복귀한 그는 이후 MP3플레이어인 아이팟과 스마트폰인 아이폰, 태블릿PC인 아이패드를 차례로 선보였다.

재밌는 것은 후속작으로 갈수록 화면 크기가 커졌다는 점이다. 아이팟이 2인치 안팎이라면 아이폰은 3.5인치, 그리고 3일 출시된 아이패드는 9.7인치까지 화면이 확대됐다. 그렇다면 잡스가 다음에 내놓을 제품은? 아이패드보다 큰 화면이라면 TV밖에 없다.

실제로 많은 전문가들은 애플이 차기작으로 소위 '아이TV(iTV)', 즉 TV 수상기를 내놓을 것으로 예상하고 있다. 단지 화면 크기가 이유가 아니라 TV와 휴대폰, PC를 연결하는 '3스크린' 시대에 대비하기 위해서다.

TV는 거실의 한가운데에 놓일 정도로 핵심적인 위치를 차지한다. TV를 공략해 가정의 디지털 허브로 삼아야 실질적인 3스크린 서비스가 가능해진다.

3스크린은 TV와 휴대폰, PC 등을 끊어짐 없이 자연스럽게 연결해서 보는 것을 말한다. 예를 들어 사무실에서 PC를 통해 보던 동영상을 집에 오는 길에는 휴대폰으로 보고, 집에 와서는 TV로 이어서 보는 식이다. 세 개의 화면을 하나처럼 본다는 의미에서 3스크린이라고 부른다.

애플이 TV에 관심을 갖는 것은 TV만 갖춘다면 3스크린에 가장 앞설 수 있기 때문이다. 애플은 아이폰(휴대폰)과 아이패드(PC)에 동일한 운영체제인 'OS X'를 사용한다. 3스크린을 위해서는 TV에도 운영체제가 필요하다. 전문가들은 아이폰·아이패드에 사용된 것과 동일 또는 유사한 운영체제가 채택될 것으로 보고 있다.

삼성전자 관계자는 "애플은 자사 운영체제 내에서는 호환성이 가장 좋기로 유명하다"며 "아이폰에서 동영상을 보다가 화면을 TV 쪽으로 슬라이딩 하듯이 움직이기만 해도 TV에서 똑같은 동영상을 재생시킬 수 있을 정도"라고 설명했다.

이렇게 되면 가족들은 아이폰에 각자 다운받은 노래와 동영상을 애플의 TV를 통해 함께 즐길 수 있다. 최신 영화를 아이튠스 스토어에서 바로 다운로드 받아 시청하는 것도 가능하다. TV에서 스케줄 기능을 띄워 이번 달 가족 일정을 정리하고 이것을 가족들의 아이패드나 아이폰에 동시에 전송·공유할 수도 있다.

애플이 3스크린 시대에 더욱 앞설 수 있는 요인은 앱스토어에 구축된 풍부한 콘텐츠다. 아이폰을 통해 이미 검증된 콘텐츠와 아이패드용 전자책 콘텐츠 등을 TV에서도 바로 사용할 수 있을 것으로 보인다. 특히 TV를 겨냥한 다양한 게임 콘텐츠가 출시될 경우 소니의 플레이스테이션이나 닌텐도의 위가 장악한 가정용 게임기 시장을 잠식할 수도 있다.

KT 관계자는 "애플의 TV가 현실화되면 현재의 IPTV(인터넷TV)는 무의미해지게 된다"며 "자기가 원하는 콘텐츠를 실시간으로 볼 수 있는데 특정 사업자가 정해진 콘텐츠만 보여주는 IPTV에 누가 관심을 갖겠냐”고 지적했다.

구글도 궁극적인 목표는 3스크린이다. 구글이 준비하는 ‘구글TV’는 운영체제로 안드로이드가 탑재된다. 안드로이드는 구글 독자적으로 개발한 것으로 현재 스마트폰 운영체제로 활발하게 사용되고 있다.

구글은 또 크롬 OS가 탑재된 PC를 2010년 중 내놓을 예정이다. 크롬과 안드로이드는 기본 골격이 같다. 쉽게 서로 연동이 가능하기 때문에 구글TV-스마트폰-PC 간의 연결은 손쉬울 전망이다. 특히 구글은 인터넷을 통한 데이터 서비스 연동에 강점이 있다. TV와 휴대폰, PC가 인터넷에 연결만 되어 있다면 서로 콘텐츠를 주고받게 하는 것은 구글의 장기다.

구글은 TV 사업을 위해 인텔·소니 등과 손을 잡았다. 구글이 소프트웨어, 인텔은 TV용 칩셋, 소니는 TV 제조, 로지텍은 리모컨과 키보드를 결합한 입력장치를 만드는 것으로 역할 분담도 이뤄졌다. 구글TV는 구글의 앱스토어를 통해 게임·영화 등 다양한 콘텐츠도 다운로드받을 수 있다. 광고와 검색 기능이 탑재된 TV는 구글의 새로운 수익모델이 될 것으로 보인다.

그동안 글로벌 TV 시장은 삼성전자와 LG전자 소니 등 가전업체들 간의 각축전이었다. 여기에 구글과 애플 등이 뛰어들면서 싸움 양상은 전혀 달라지게 됐다. 휴대폰 산업이 스마트폰 전쟁터로 바뀌었듯이 TV 산업 역시 인터넷을 통해 다양한 콘텐츠를 내려 받을 수 있는 소위 '스마트TV'의 경쟁 시대가 열리는 것이다.

여기에 가장 발 빠르게 움직이고 있는 기업이 삼성전자다. 삼성은 2010년 2월 전 세계에서 처음으로 TV용 앱스토어를 열고 어플리케이션 개발 대회도 시작했다.

현재 삼성전자의 인터넷TV는 유튜브와 SBS EBS의 방송 콘텐츠, 트위터·페이스북 등을 이용할 수 있다. 앞으로 삼성은 TV용 앱스토어를 통해 영화와 개인동영상(UCC), 게임, 음악, 사진, 커뮤니티서비스, 뉴스·주식·생활정보 등 다양한 콘텐츠를 제공할 계획이다.

이는 삼성으로서는 스마트폰에서는 뒤처졌지만 세계 최고 경쟁력을 갖춘 TV에서는 앞서나가겠다는 전략으로 보인다. 특히 애플이 음악 콘텐츠 판매로 막대한 수익을 올리듯이 삼성이 동영상 콘텐츠 시장을 선점한다면 TV뿐 아니라 콘텐츠 판매를 통한 부가수익도 거두게 될 것으로 예상된다.

이를 위해 삼성은 인터넷에 연결될 수 있는 TV 숫자도 늘리고 있다. 프리미엄급 제품은 유선뿐 아니라 무선을 통한 인터넷 연결도 가능할 정도다. 이경식 삼성전자 영상디스플레이사업부 상무는 "앱스토어를 이용할 수 있는 인터넷TV 판매 비중을 2009년 11%에서

2010년 30~40%까지 늘릴 것”이라며 “앞으로 출시되는 중고가 패널 TV 대부분에 인터넷 기능이 장착되는 셈”이라고 밝혔다.

삼성전자의 TV용 앱스토어도 궁극적인 목표는 3스크린이다. 최근 가전제품과의 호환성을 높여 홈네트워크로 묶는 ‘DLNA’ 기능이 탑재된 제품이 늘어나면서 기기 간의 연결이 쉬워지고 있다. 이를 적극 활용할 경우 차별화된 3스크린 서비스가 가능할 것으로 삼성전자는 보고 있다.

LG전자도 인터넷TV 사업을 강화하고 나섰다. 남용 LG전자 부회장은 2010년 초 기자간담회에서 “R&D(연구·개발)의 상당 부분을 스마트폰과 스마트TV 등에 할애하겠다”고 밝혔다. 2010년 LG전자의 R&D 예산은 3조 6,000억 원 수준이다.

스마트TV 개발을 위해 LG전자는 전담팀을 만들었다. 권일근 LG전자 LCD TV 연구소장은 “현재 TV용 앱스토어를 만드는 방안을 포함해 스마트TV의 큰 그림을 그리고 있다”며 “조만간 좋은 결과를 내놓을 것”이라고 말했다.

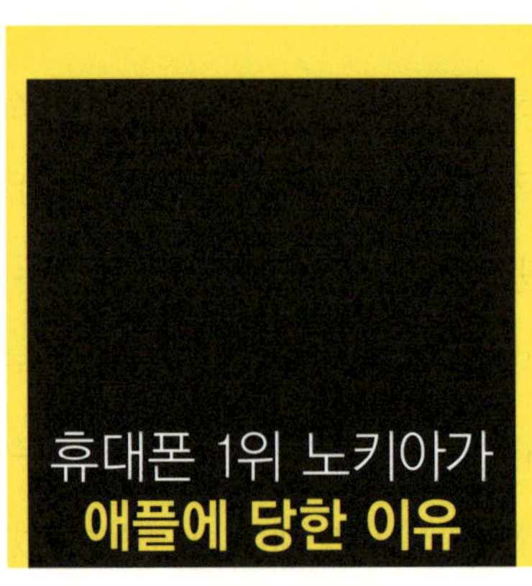

2009년 3분기 글로벌 실적 발표 기간 동안 IT업계를 놀라게 한 사건이 있었다. 글로벌 1위 휴대폰 기업 노키아가 대규모 적자 늪에 빠진 것이다. 노키아가 실적 발표를 시작한 지난 1996년 이래 분기 손실을 기록한 것은 그때가 처음이었다.

노키아는 2009년 3분기 매출 98억 1,000만 유로, 영업손실 4억 2,600만 유로, 순손실 5억 6,000만 유로를 기록했다. 매출은 전년 동기 대비 19.8% 감소했으며 영업이익과 순이익은 적자전환했다.

휴대폰 단말기 사업 부진과 함께 통신장비와 내비게이션 사업 부문에서 큰 폭의 손실을 기록한 것이 문제였다. 통신장비 부문인 노키아지멘스네트워크는 2009년 3분기 9억 800만 유로의 손실을 내며 적자 폭을 키웠다.

단말기 부문 스마트폰 시장에서 점유율이 하락하며 실적 부진이 장기화될 움직임도 보였다. 실제 휴대폰 단말기 부문 세계 시장 점유율은 3분기 37.6%로 전 분기 대비 큰 변동이 없었지만 스마트폰 시장에서 전 분기(41%) 대비 급락한 35%를 기록하며 영향력을 잃어가고 있다.

하준두 신한금융투자 연구원은 "일반 휴대폰에 비해 이익률이 높은 스마트폰에서의 부진은 앞으로 노키아의 단말기 사업을 부정적으로 예측하는 중요한 변수가 된다"고 전망했다. 노키아는 그동안 휴대폰 업계 절대 강자 지위를 유지했다. 삼성전자, LG전자는 물론 소니에릭슨, 모토롤라 등 글로벌 휴대폰 업계의 목표는 단연 노키아 따라잡기였다.

노키아는 모토롤라가 '레이저' 단일 모델 1억 대 판매이후 급속히 몰락하는 과정에서 부동의 1위로 등극했다. 2007년~2008년 사이 시장점유율 38~40%를 유지해 독주 체제를 갖췄다. 2007년 2분기 이후로는 한 번도 점유율 38% 이하로 내려가지 않았다. 하지만 2009년 3분기 들어 2007년 이후 처음으로 점유율 38%대가 붕괴하고 2006년 수준으로 내려가고 있는 것이다.

반면 3분기 국내 업체인 삼성전자와 LG전자는 사상 최대 휴대폰 판매 기록을 세우며 노키아를 턱밑까지 추격하고 있다. 삼성은 2009년 3분기 글로벌 시장에서 휴대폰 판매 6,000만 대를 돌파하며 2분기 기록한 5,230만 대 판매량을 뛰어넘었다. LG전자도 지난 2009년 2분기 사상 처음으로 글로벌 두 자릿수 시장점유율을 기록했다. 분기 판매 대수도 3,000만 대가 넘었다.

16%포인트 정도 차이 나는 노키아와 삼성전자의 글로벌 휴대폰 시장 점유율이 2011년께 한 자릿수 격차로 줄어들 것도 예상되고 있다. 당초 2012년 삼성이 노키아를 10% 내로 추격할 것으로 예측됐지만 시기가 앞당겨질 수 있다는 것이다. 이미 지난 2009년 2분기 한국 휴대폰(삼성+LG)의 점유율은 30%를 넘겨 노키아와의 격차를 한 자릿수로 줄인 바 있다.

박강호 대신증권 연구원은 "소니에릭슨과 모토롤라가 몰락한 이후 글로벌 휴대폰 업체는 노키아, 삼성, LG 3사 경쟁 체제로 굳어진 상황"이라며 "1위 업체 노키아의 부진은 곧바로 한국 업체의 점유율 확대로 이어지고 있다"고 말했다.

무엇보다 가장 큰 문제는 스마트폰 시장에서 애플의 성장세가 가파르다는 것이다. 노키아도 심비안 운영체제(OS)를 장착한 스마트폰으로 아직 스마트폰 시장 1위를 차지하고 있지만 시장점유율이 갈수록 떨어지고 있다.

게다가 문제는 일반 소비자들이 심비안 OS가 장착된 노키아 스마트폰을 사는 이유에 있다. 심비안 OS의 장점이 부각돼서 산다기보다는 그냥 별 생각없이 노키아의 휴대폰을 구입하는 이유가 더 크다는 것이다. 노키아 휴대폰 대다수에 심비안 OS가 장착되어 있기 때문이다. 하지만 애플을 주축으로 콘텐츠 경쟁력이 있는 스마트폰이 시장을 잠식할 경우 노키아 휴대폰을 구매하던 계층에서 발길을 애플 매장 쪽으로 돌릴 가능성이 높다는 것이다.

올리 페카 칼라스부오 노키아 최고경영자(CEO)가 "노키아는 더 이상 휴대폰 제조업체가 아니다. 휴대폰 관련 모든 플랫폼을 활용해 모바일 솔루션을 제공하는 회사로 진화하고 있다"고 선언한 것은 이러한 위기감이 바탕에 깔렸기 때문이다. 2009년 9월 올리 페카 칼라스부오 CEO가 독일 슈투트가르트 ICS 전시장에서 열린 '노키아월드2009' 행사에서 노키아의 대변신을 선언한 것도 같은 이치다.

이는 노키아 향후 전략에 근본적인 변화가 있음을 시사한다. 노키아만이 공급할 수 있는 모바일 서비스 영향력을 확대해 노키아 제품 판매로 연결하겠다는 것이다. 노키아 자체 모바일 생태계를 구축하겠다는 것이다.

이는 애플을 벤치마킹하는 것으로 해석할 수 있다. 애플은 자체 단말기(아이폰)에서 쓰이는 콘텐츠(어플리케이션)를 폐쇄적인 콘텐츠 오픈 마켓(앱스토어)에서 다운로드 받도록 했다. 또 이 과정에서 자체 프로그램인 아이튠즈에 가입하도록 해 콘텐츠부터 단말기까지 수직계열화를 이루고 있다.

노키아도 애플처럼 자체 콘텐츠 생태계를 구축하겠다는 뜻을 밝힌 것이다. 즉 노키아 콘텐츠를 강화해 이에 반한 사용자가 노키아 디바이스를 구매하는 체제를 만들겠다는 것이다. 칼라스부오 CEO가 "노키아 서비스를 적극 이용하는 능동적 소비자를 2009년 5,500만 명에서 2012년까지 3억 명으로 늘리겠다"고 강조한 것은 이런 의미에서 해석이 가능하다.

노키아는 모바일 금융 서비스를 내놓으며 휴대폰을 활용한 새로운 먹을거리 창출 전략도 공개하고 있다. '노키아 머니'로 이름 지어진 이번 사업은 상대방 휴대폰 번호를 입력하는 것만으로 송금을 할 수 있는 새로운 서비스다.

안시 바요키 노키아 마켓담당 수석부사장은 "전 세계 은행 계좌가 16억 개지만 휴대폰은 40억 개가 이미 보급돼 있다. 모바일 기기와 연계된 금융 서비스 수요가 적지 않다는 것을 의미한다"고 설명한다. 특히 노키아의 경우 전 세계 팔려나간 단말기 숫자가 방대해 이를 활용하면 시너지 효과를 거둘 수 있다는 것이 노키아 측의 전망이다.

노키아월드2009 행사에서 노키아는 경쟁사인 애플과의 비교도

지난 2009년 개최한 노키아월드.

서슴지 않았다. 바요키 부사장은 "노키아 음악다운로드 사이트인 '컴즈위드뮤직'을 통해 1년간 제한 없이 음악파일을 다운로드할 수 있다"며 "전 세계 인기 상위 100위 앨범 다운로드에만 934유로를 지불해야 하는 애플 아이튠스에 비해 우월하다"고 주장했다. 노키아는 이날 음악 감상에 최적화한 휴대폰 X6와 X3도 이날 공개했다.

노키아가 내놓은 첫 번째 넷북인 '부클릿(Booklet) 3G'도 같은 맥락이다. 노키아의 넷북은 노키아의 콘텐츠가 구동될 수 있는 기기의 영역을 넓히기 위한 것이다. 단순히 넷북을 출시한 것이 아닌 노

노키아가 새롭게 내놓은 넷북 '부클릿 3G'.

키아 콘텐츠의 영향력을 확대하는 전략의 일환이라는 분석이다. 헤이키 노르타 노키아 전략담당 수석부사장은 "노키아 콘텐츠를 PC에서도 이용하고자 하는 수요가 적지 않기 때문"이라며 출시 배경을 설명했다.

'페이스 북'과 손잡고 단말기를 통해 자신의 현 위치를 실시간 업데이트할 수 있는 '라이프캐스팅 위드 오비' 서비스도 선보였다. 실시간으로 자신의 현 위치와 보고 들은 것을 전 세계 인터넷 사용자들과 공유할 수 있는 이 사업 서비스가 유망하다는 것이 노키아의 분석이다.

'오바마 폰'이란 단어를 들어본 적이 있는가.

버락 오바마 미국 대통령이 백악관 입성 후에도 블랙베리 폰을 사용하겠다고 주장해서 붙여진 이름이다. 캐나다 리서치인모션 (RIM) 이 만든 블랙베리 폰은 국외 직장인들의 필수품으로 자리 잡은 지 오래다. 최근 할리우드 영화만 봐도 블랙베리 폰을 심심찮게 찾아볼 수 있다.

놈 로 아태지역 총괄 부사장은 "블랙베리는 세계인의 필수품으로

오바마는 블랙베리를 즐겨 써 이 휴대폰은 '오바마베리'라는 애칭이 붙었다.

자리 잡은 지 오래"라며 "어떠한 스마트폰도 제공하지 못하는 최고의 가치를 제공하는 것으로 유명하다"고 설명했다.

블랙베리는 최근 스마트폰 시장점유율 10% 후반 대를 기록하며 순항 중에 있다. 노키아에 이어 2위를 달리고 있다. 사실상 단일모델임을 감안하면 적지 않은 수치다. 북미와 서유럽을 중심으로 전 세계 150여 개 국가에서 약 2,000만 명 이상 사용자가 쓰고 있다.

블랙베리를 가장 유명하게 만든 것은 강력한 '푸시이메일' 기술이다. 서버에서 단말기에 밀어내듯 이메일을 전송한다는 의미로 붙여진 '푸시이메일'은 언제 어디서나 단말기를 이용해 사무실에 근접한

‘움직이는 사무실’을 구현한다는 평가를 받는다.

‘푸시이메일’은 이메일을 선택해 일일이 다운로드 받아야 하는 일반 스마트폰의 시스템과는 다르다. 이메일이 도착하는 대로 실시간으로 단말기에 정보가 뜨게 된다. 스마트폰을 이용해 번거롭게 이메일을 다운로드 받을 필요조차 없다.

또 중요한 정보는 서버에 저장되어 있고 이메일을 단말기에 ‘출력’해 내는 방식으로 단말기 분실 시에도 중요 정보가 유출되지 않는 장점이 있다. 또 단말기에 있는 정보도 원격으로 삭제할 수 있어 완벽한 보안성을 구축했다는 평가를 받는다.

불랙베리는 워드, PDF 등 사무실에서 주로 이용되는 첨부파일을 여는 것도 가능하다. 쿼티(QWERTY)자판이 장착되어 있어 사실상 크기만 작을 뿐 사무실 PC를 이용해 작업하는 것과 크게 차이가 없다. 이러다 보니 이동이 잦은 전문직 사이에서는 블랙베리가 필수품처럼 활용되고 있는 것이다. 직업 특성상 외부에 머무르는 시간이 많아도 블랙베리 단말기 하나면 업무에 차질이 없기 때문이다.

블랙베리는 2008년 12월 국내법인 고객을 상대로 한국 시장에 진입한 이후 2009년 7월 개인 고객을 상대로 한 시장에도 잇달아 진입했다. 2010년 4월에는 신형모델인 ‘블랙베리 볼드 9700’과 블랙베리 전용 앱스토어인 블랙베리 앱 월드(BlackBerry App world)의 국내 론칭을 발표하기도 했다.

놈 로 부사장은 "전 세계 누적 스마트폰 판매량 1위를 달리고 있는 블랙베리의 아성을 생각할 때 아직 만족스럽다고 할 만한 수준은 아니다"면서도 "각 휴대폰이 치열한 경쟁을 펼치고 있는 한국 시장에서도 조만간 깜짝 놀랄 만한 성과를 거두게 될 것"이라고 확신에 찬 모습을 보였다.

모토롤라 소니에릭슨 왜 무너졌나

글로벌 빅 히트를 기록한 '레이저' 폰을 기억하는가. 2006년 처음 출시된 이 휴대폰은 모토롤라 역사상 가장 많은 2억 대 이상이 팔리며 공전의 히트를 기록했다. 모토롤라는 한때 글로벌 휴대폰 시장 점유율 2위까지 올랐다. 레이저폰 판매에 힘입은 것이다.

하지만 레이저의 빅히트가 역설적이게도 모토롤라가 몰락하는 가장 큰 원인이 됐다. 레이저 성공에 안주해 시장 트렌드에 신속하게 대응하지 못했기 때문이다. 모토롤라는 휴대폰사업부문 적자 행진을 기록하며 현재 시장점유율 5% 수준까지 떨어진 상태다. 최근 안드로이드 폰 생산에 주력하며 부활의 움직임을 보이고 있지만 과거의 영광을 재현하지는 못하고 있다.

최근 2008년 3분기부터 연속 분기 적자 행진을 기록하고 있는 소니에릭슨도 마찬가지다. 유럽 등 강점이 있는 시장에 안주하며 시장을 선도하는 움직임을 보이지 못했다. 삼성과 LG가 전 세계 이동통신사 입맛에 맞는 제품을 공급하려 애를 쓸 때 먼 산 보듯 구경만 했다.

최근에는 독일, 프랑스, 스페인 등 텃밭인 유럽시장에도 삼성, LG등에 밀리며 추락하는 상태다. 소니에릭슨은 현재 글로벌 시장 점유율 5%를 유지하며 모토롤라와 함께 군소업체로 밀려난 상태다. 조만간 스마트폰 단일 모델 라인업을 구축하고 있는 림의 블랙베리나 애플의 아이폰에게도 역전당할 위기에 놓인 상태다.

모토롤라와 소니에릭슨은 2008년 3분기 까지만 하더라도 9%에 육박하는 시장점유율을 유지하며 LG전자보다도 휴대폰 판매량이 더 많았다. 하지만 2009년 말 기준으로 양사 시장 점유율을 합해도 LG전자에 미치지 못하는 상황이다. 몰락이 최근 눈 깜짝할 사이에 이뤄졌다는 뜻이다.

이는 2009년 이후 휴대폰 업계의 패러다임이 급속히 변화한 것과 밀접한 관계가 있다. 삼성과 LG는 앞선 기술력을 바탕으로 풀터치 프리미엄 폰 시장을 주도하며 파이를 키워왔다. 하지만 레이저에 안주한 모토롤라는 물론, '소니'와 '에릭슨'이 합작한 기업의 내재적 특성상 의사결정이 늦은 소니에릭슨은 휴대폰 시장의 '메가트렌드'를 읽어내는 데 실패했다. 한 번 떨어지기 시작하자 추락에는 날개가 없었다.

　모토롤라와 소니에릭슨의 몰락은 국내업체에도 시사하는 바가 크다는 지적이다. 최근 삼성과 LG가 글로벌 보폭을 넓히며 탄탄대로를 달리고 있지만 방심해서는 안 된다는 것이다. 특히 성장세에 있는 스마트폰 시장점유율이 미약한 삼성과 LG에게 중요한 인사이트를 제공하고 있다는 분석이 나오고 있다. 최근 추세인 스마트폰 시장에서 주도권을 가져오지 못할 경우 언제든 성장세가 꺾이며 추락할 수 있다는 것이다.

　이승혁 우리투자증권 연구원은 "모토롤라와 소니에릭슨 모두 규모의 경제를 구축할 수 있는 연간 판매량 1억 대 고지에 다다름과 동시에 몰락이 시작됐다"며 "삼성과 LG가 전 세계 시장에서 쉽게 무너지지 않을 탄탄한 판매량을 구축했다고 해도 결코 방심해서는 안 되는 상황"이라고 조언했다.

　끊임없이 소비자 트렌드를 연구하고 무엇이 최근 추세인지에 대해 분석하려는 노력이 필요하다는 것이다. 후발주자보다는 어느 정도 궤도에 오른 기존 업체들이 자칫 '소비자가 원하는 제품'보다는 '소비자가 원할 것으로 우리가 생각하는 제품'을 출시하며 자충수를 둘 수 있다는 것이다.

김지현 다음 모바일사업본부장은 최근 뉴욕에 갔다가 안타까운 경험을 했다. 직장인 대부분이 스마트폰을 쓰고 있었지만 대다수가 아이폰과 블랙베리였고 삼성전자와 LG전자 제품은 전무했기 때문이다. 김 본부장은 "삼성전자, LG전자 대처가 시급하다는 것을 절실히 깨달았다. 이대로라면 한국 휴대폰이 정말 위기라는 생각이 들었다"고 말했다.

국내 IT소프트웨어 업체 투이스트 주정민 사장도 2009년 말 미국 출장을 가서 휴대폰 매장을 둘러보고 깜짝 놀랐다. 종업원이 스마트폰을 추천하면서 대만 HTC 제품을 골라 줬기 때문이다. 종업원은 아이폰과 블랙베리 사용자가 아니라면 HTC의 구글폰인 매직(Magic)과 히어로(Hero)가 성능이 우수하다고 칭찬을 했다. 하지만 삼성전자와 LG전자의 스마트폰은 특색이 없다며 평가절하해 자존심이 상한 것이다.

주 사장은 "HTC가 최초로 구글폰을 만들었다는 것은 들었지만 미국 시장에서 이 정도의 인지도와 영향력을 갖추고 있는지 몰랐다. 빠르게 변화하는 휴대폰 시장을 실감했다"고 말했다.

노키아, 삼성전자, LG전자, 모토롤라, 소니에릭슨 등 그동안 '1강 2중 2약' 체제로 구분되던 글로벌 휴대폰 시장이 최근 들어 급변하고 있다. 휴대폰 트렌드가 스마트폰 중심으로 변하고 있기 때문이다. 삼성과 LG가 2009년 사상최초로 합산 휴대폰 시장 점유율 30%를 돌파하며 선전했지만 스마트폰 라인업이 부족해 고전할 것이란 전망이 나오고 있다.

2009년 경기 침체 속에서도 스마트폰 시장은 10% 이상 고성장을 기록했다. 특히 아이폰으로 스마트폰 시장을 평정한 애플과 '오바마폰'으로 유명해진 블랙베리의 림(RIM), 그리고 구글폰을 발 빠르게 제조한 대만계 HTC가 시장을 선도하는 모양새다.

휴대폰 시장에서 급속히 몰락하고 있던 모토롤라 역시 안드로이드폰 '드로이드'를 내세워 권토중래(捲土重來)를 노리고 있다. 여기에

삼성전자의 휴대폰.

중국 장비업체 화웨이까지 스마트폰 제조에 뛰어드는 등 삼성전자와 LG전자는 각지에서 추격을 받고 있는 모양새다.

이에 한국 휴대폰 산업이 넛크래커 위기에 빠졌다는 목소리도 나오고 있다. 넛크래커 현상은 높은 기술 수준과 생산 효율성의 미국과 일본, 그리고 낮은 요소비용을 무기로 한 중국 사이에 끼여 있는 한국 경제와 기업 처지를 호두 까는 기계에 비유한 말이다. 이런 현상이 한국의 대표적 수출 산업인 휴대폰 시장에서도 재연될 가능성이 높다는 분석이 나오고 있다.

이 같은 분위기는 2009년 사상 최대 실적을 기록한 삼성전자와 LG전자가 긴장의 끈을 놓지 않고 있는 이유다. 삼성은 사상 처음으로 글로벌 시장 휴대폰 판매 2억 대를 돌파하며 시장점유율 20%를 넘어섰다. LG전자도 2년 연속으로 세계 시장에서 휴대폰 1억 대 판매를 넘기며 점유율 10%의 벽을 깼다.

외형상으로만 보면 삼성과 LG의 휴대폰 사업은 탄탄대로다. 그러나 현재 삼성전자와 LG전자는 스마트폰 시장 부진에 절치부심하고 있다. 휴대폰 시장의 키를 쥐고 있는 스마트폰과 핵심 기술로 떠오른 소프트웨어 분야에서 경쟁력이 상대적으로 취약하다는 인식 때문이다.

스마트폰은 일반 폰에 비해 가격대가 높아 휴대폰 사업 수익성을 높이는 핵심 요소로 자리매김한 상태다. 하준두 신한금융투자 연구원은 "미래 휴대폰 시장과 관련해 삼성과 LG 전략은 스마트폰 육성에 달려 있다"며 "림(RIM) 블랙베리, 애플 아이폰에 맞서 승리할 수 있는 경쟁력을 갖춰야 한다"고 지적한다.

세계 2위 휴대폰 업체 삼성전자는 스마트폰 시장에서 3% 내외로 미약한 시장점유율을 기록하는 것에 그친다. 3위 업체인 LG전자는 1%에 못 미치는 스마트폰 점유율을 보이고 있다. 이에 비해 노키아는 30%가 넘는 글로벌 시장 점유율을 기록하며 스마트폰 시장에서도 1위를 달리고 있다. 블랙베리와 앱스토어가 강점인 아이폰이

10% 넘는 점유율을 기록하며 2위와 3위를 차지하고 있다.

손민선 LG경제연구원 선임연구원은 "애플은 우수한 콘텐츠가 단말기 판매 호조로 이어지는 상황"이라며 "삼성과 LG도 스마트폰 시장 경쟁력의 핵심인 콘텐츠 역량 강화에 힘을 쏟아야 한다"고 말한다. 이에 삼성은 2009년 6월 미디어솔루션센터를 신설하고 TV, PC, 휴대폰 등 모든 가전에 동일하게 구동될 수 있는 핵심 콘텐츠 육성에 매진하고 있다.

김창진 한화증권 연구원은 "2010년 스마트폰 시장이 30% 가까이 성장하며 휴대폰 시장을 견인할 것으로 본다"며 "스마트폰 경쟁력을 갖추지 않고서는 살아남기 힘든 구조가 됐다"고 말한다.

하지만 앞으로의 전망이 녹록지 않은 것이 문제다. 스마트폰 시장 강자인 노키아, 애플, 림(RIM) 등이 삼성과 LG를 압박하는 데다 후발주자 추격도 만만치 않기 때문이다.

2009년 사상 최초로 분기 적자를 기록해 충격을 준 노키아도 2009년 말 스마트폰 사업을 별도 사업부로 분리하고 스마트폰에 '올인'할 채비를 갖추고 있다. 콘텐츠 거래 장터인 '오비 스토어'를 오픈하고 콘텐츠 자체 생태계 구축에 힘쓰고 있다. 2010년 출시할 단말기 숫자를 대폭 줄이며 '선택과 집중'에 나설 뜻을 밝히고 있다.

노키아는 심비안 플랫폼을 내세워 일반 휴대폰처럼 유럽 스마트폰 시장에서 맹위를 떨치고 있다. 이미 유럽에서 노키아폰은 일반 휴대폰인지 스마트폰인지 구분 없이 여전히 불티나게 팔리고 있다.

애플 아이폰의 열풍은 여전히 식을 줄 모른다. 블랙베리 역시 북미시장을 바탕으로 탄탄한 점유율을 유지하고 있다.

델, HP, 도시바, 레노버 등 PC업체들까지 잇달아 스마트폰 시장에 진출했다. 최근에는 구글까지 직접 휴대폰 제조 사업에 뛰어들며 전선이 확대되고 있다. 대만계 HTC가 승승장구하고 화웨이, ZTE 등 중국 저가 휴대폰 업체들이 원가 경쟁력을 바탕으로 신흥시장을 잠식할 경우 삼성과 LG의 고민이 더욱 깊어질 수 있다. 특히 HTC는 윈도 모바일뿐만 아니라 안드로이드 진영에서도 최고 회사로 꼽히며 삼성과 LG를 맹추격하고 있는 상황이다.

따라서 삼성전자와 LG전자가 스마트폰 시장에서 극적인 반전을 보이지 않는다면 '넛크래커 현상'은 염려가 아닌 현실이 될 수 있다는 지적이 끊이질 않고 있다. 하준두 신한금융투자 연구원은 "2010년 스마트폰 시장에서 어떤 성과를 보여주는가가 삼성과 LG의 최대 과제"라며 "신흥시장에서 저가 휴대폰을 바탕으로 시장점유율을 확대해도 스마트폰 시장에서 부진하면 수익성은 악화될 수 있다"고 지적한다.

여기에 국내 업체들이 운영체제(OS)와 앱스토어로 대변되는 소프트웨어 경쟁력이 경쟁 업체에 비해 크게 떨어지는 것도 위기 요인으로 지목된다. 소프트웨어가 휴대폰 산업의 핵심 트렌드로 부상하자 삼성전자는 별도 조직으로 미디어솔루션센터를, LG전자는 MC 사업본부 내에 콘텐츠서비스(C&S) 그룹을 통해 콘텐츠 개발에 나서고 있지만 삼성전자가 '바다' 플랫폼을 선보인 것 외에는 뚜렷한 성과가 없다.

권성률 하나대투증권 연구원은 "결국 콘텐츠 경쟁력을 어떻게 끌어올리느냐에 따라 승패가 갈릴 것으로 보인다. 스마트폰 경쟁력을 키울 수 있는 삼성과 LG는 고유 콘텐츠 개발에 보다 적극적으로 나서야 한다"고 지적한다.

휴대폰 생산물량 '해외>국내'

2009년 국내 휴대폰업체들의 해외 생산량이 국내 생산량을 처음으로 앞질렀다. 원가 절감을 위해 생산기지를 해외로 이전하고 있기 때문이다.

이로 인해 국내 휴대폰 세계 시장 점유율의 꾸준한 상승에도 휴대폰이 수출에서 차지하는 비중은 축소되고 있다. 전문가들은 이런 추세가 이어지면 휴대폰 관련 국내 산업 경쟁력이 약화될 수 있다고 우려한다. 업계 한 전문가는 "삼성전자 구미 공장의 경우 휴대폰 산업이 지역 경제에 미치는 영향이 절대적이다. 최근 삼성전자 구미 휴대폰 생산량이 갈수록 축소되는 것으로 드러나 지역 경제 부담으로 작용하고 있다"고 말한다.

최근 정보통신산업진흥원이 분석한 자료에 따르면 2009년 삼성전자, LG전자, 팬택 등 국내 휴대폰 업체 출하량은 총 3억 5,480만 대로 2008년(3억 180만 대)에 비해 17.6% 증가했다. 이 중 해외에서 생산한 물량은 2009년 2억 710만 대로 2008년(1억 3,910만 대)에 비해 48.9% 늘었다. 반면 국내에서 생산한 물량은 2008년 1억 6,270만 대에서 2009년 1억 4,770만 대로 오히려 9.2% 감소했다.

2007년 63%를 기록했던 휴대폰 국내 생산 비중은 2008년 54%, 2009년 42%로 지속적으로 하락하는 상태다. 국내 비중이 절반 이하로 축소된 것은 2009년에 처음 일어난 일이다. 특히 2009년의 경우 국내 휴대폰 생산 비중이 1분기에 50%를 기록했지만 이 수치가 4분기 34.6%까지 하락하는 등 비중이 급속히 축소되는 상태다.

이로 인해 2009년 삼성과 LG가 세계 시장에서 합산 시장점유율 30%를 처음으로 돌파하는 성과를 냈지만 국내 휴대폰 수출은 전년 대비 14% 줄어드는 데 그쳤다. 실제 현재 국내 구미공장을 비롯해 중국(선전·톈진·후이저우), 베트남, 인도, 브라질 등에 총 7개 공장을 보유한 삼성전자는 해외 생산 비중을 급속히 높이고 있다고 전문가들은 지적한다. LG전자는 인도와 브라질, 팬택은 중국에 현지법인을 세우고 휴대폰을 생산하고 있다.

업계에서는 지금까지는 프리미엄 고가폰을 국내에서 생산하고 중저가 휴대폰을 해외에서 생산했지만 이런 구도가 깨질 것으로 예상한다. 이 때문에 국내 생산 비중이 더욱 축소될 것으로 전망한다. 특히 삼성은 최근 중국 남부 광둥성 광저우에 휴대폰 연구개발(R&D)센터 개념인 통신연구소를 설립하고 자체 휴대폰 개발 능력을 키우고 있다. 또 인근에 휴대폰 부품 조달을 총괄하는 구매사무소(IPO)를 세우고 휴대폰 생산 수직계열화를 추구하는 상태다.

업계의 한 전문가는 "삼성전자는 중국의 거대 인구를 겨냥한 행보를 보이고 있다. 현지에 특화된 프리미엄 폰을 생산하려면 생산 기지를 인접한 곳에 세우고 집중적인 연구개발(R&D)을 해야 한다고 판단하고 있다"고 귀띔했다.

세계 최대 통신전시회 '모바일월드콩그레스(MWC) 2010'에 서 본 휴대폰 업계 화두는?

"기능 경쟁의 시대는 갔다. 이젠 모바일 생태계 경쟁의 시대다."

2010년 2월 스페인 바르셀로나에서 열린 세계 최대 통신전시회 '모바일월드콩그레스(MWC) 2010'에 참석한 안승권 LG전자 사장

2010년 스페인 바르셀로나에서 개최된 MWC2010.

(MC사업본부장)은 비장했다. LG전자가 2009년 글로벌 휴대폰 순위 3위로 뛰어올랐지만 경쟁이 워낙 치열해 언제 내려갈지 모른다고 생각했기 때문이다. 2010년은 향후 3~5년의 비즈니스를 좌우할 만한 패러다임 변화의 시작이기 때문에 더욱 그랬다.

안승권 사장의 표현대로 MWC2010의 화두는 협력(collaborion)과 모바일 에코시스템(생태계)으로 집약된다. 2010년 참가한 마이크로소프트(MS), 구글, 노키아, 삼성전자, LG전자, 모토롤라, HTC, 소니 에릭슨 등 모바일 업체들은 저마다 협력을 통해 비즈니스 경쟁력을 끌어올리는 데 열을 올렸다. 하드웨어부터 소프트웨어까지 '홀로서기'로 재미를 보고 있는 애플과 차별화된다. 운영체제(OS)에 이어 넥서스원 출시를 통해 단말기 시장까지 진입하고 있는 구글의 행보도 주목할 부분이다.

① 슈퍼 앱스토어 2011년 오픈할까

전 세계 30억 명 이상의 가입자를 가진 24개 주요 이동통신사와 4개 휴대폰 제조회사가 힘을 합쳐 2011년 초 선보일 '슈퍼 앱스토어'는 모바일 '합종연횡'의 현장을 그대로 보여준다는 평을 듣는다. 한국의 KT와 SK텔레콤을 비롯해 미국 AT&T, 버라이존 와이어리스, 스프린트, 프랑스텔레콤, 도이치텔레콤, 차이나유니콤(중국), 텔레포니카(스페인), NTT도코모(일본) 등 가입자 기준 글로벌 상위 20개 통신사가 모두 참여해 '도매 어플리케이션 커뮤니티(WAC·Wholesale App Community)'를 발족할 예정이다.

휴대폰 시장에서 1위를 차지하고 있는 노키아를 비롯해 삼성전자, LG전자, 소니에릭슨 역시 WAC를 지지한다고 나섰다. 콘텐츠와 단말 모두에서 우수한 경쟁력을 보유하며 전 세계 휴대폰 시장을 좌지우지하는 애플에 대항해 '연합군'이 창설된 셈이다.

하지만 슈퍼 앱스토어가 활성화 될 수 있을지에 대해서는 의문을 제기하는 전문가들이 많다. 회사별로 처한 환경이 모두 다른데다 공통의 소프트웨어를 활용하기 위해 넘어야 할 산이 한두 가지가 아니라는 것이다.

하준두 신한금융투자 연구원은 "운영체제(OS)와 사용자 환경(UI)이 다르고 이해관계가 다를 수 있는 글로벌 통신사들이 어떻게 어플리케이션을 표준화하고 활성화할 수 있을지는 아직 의문으로 남는다"면서도 "모바일 비즈니스 전체를 뒤흔들 만한 잠재력을 보유하고 있다"고 평가했다.

② 노키아·인텔 힘 합쳤다

MWC2010에서는 휴대폰 1위 기업 노키아와 반도체 1위 기업 인텔이 힘을 합치는 엄청난 사건이 벌어졌다. 노키아와 인텔이 각기 보유한 리눅스 기반 모바일 플랫폼 '마에모(Maemo)'와 '모블린'(Moblin)'을 합쳐 새로운 OS '미고(MeeGo)'를 탄생시킨 것이다.

2010년 하반기 미고를 탑재한 첫 번째 스마트폰이 나올 예정이다. 구글 안드로이드와 같이 오픈소스 기반으로 다양한 기업이 모바일 생태계에 참여할 수 있도록 설계한 것이 특징이다. 두 기업이 힘을 합친 것은 다분히 애플을 겨냥한 것이 크다. 콘텐츠가 들어갈 수 있는 자체 생태계를 넓혀 다양한 개발자들이 맞춤형 콘텐츠를 제작하도록 한다는 것이다. 양사는 미고를 스마트폰은 물론 PC, 넷북, 태블릿, 차량용 정보 시스템 등 다양한 디바이스에 탑재할 계획이다.

노키아의 콘텐츠 장터인 '오비스토어'와 인텔의 '앱업센터'를 동시에 이용할 수 있도록 설계해 콘텐츠 부문 약점을 보완한 것도 특징이다. 스마트폰 경쟁력이 추락하고 있는 노키아는 획기적인 발상의 전환이 필요했다. 모바일 시장을 호시탐탐 노리는 인텔은 모바일 비즈니스에 한 발 걸칠 수 있는 절호의 기회를 잡게 됐다.

③ '적 만들면 죽는다' 합종연횡

MWC2010에 참가한 글로벌 CEO들이 일제히 입단속에 들어간 것도 주목할 부분이다. 협력을 통해 모바일 경쟁력을 끌어올려야 생존할 수 있다는 공감대가 형성됐기 때문이다.

반면 스티브 잡스 애플 CEO는 "애플이 세계 최대 모바일 회사"라고 공개석상에서 얘기하며 자신감을 표현했다. 스티브 잡스 CEO가 보여주는 자신감도 반(反)애플 정서에 한 몫 하는 상태다. 이런 분위기를 반영하듯 최지성 삼성전자 사장은 "모바일 업계에 전략적 제휴와 합종연횡이 심한데 삼성은 가급적 적을 안 만들 것"이라고 강조했다. 안승권 LG전자 사장은 "적을 만들면 생존하기 어렵다"고 말했다.

모바일 시장에서 애플과 함께 쌍두마차로 떠오르고 있는 구글의 에릭 슈미트 CEO조차 최근 출시한 넥서스원이 이동통신사의 사업 영역을 침범하는 것이 아니냐는 논란을 의식해 "구글과 통신사업자는 경쟁자라기보다 함께 수익을 추구하는 협력적 관계”라고 강조했을 정도다. 스티브 발머 MS CEO 역시 “제휴 업체와의 협력 관계를 돈독히 하겠다”고 동반자 의식을 강조하고 나섰다.

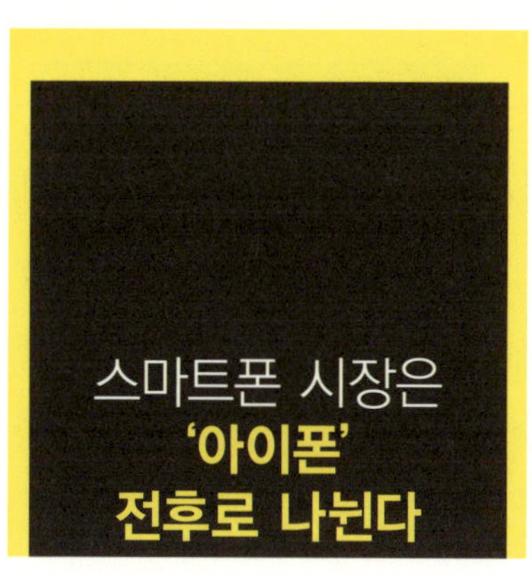

국내 시장에서도 높은 관심을 끌고 있는 애플의 아이폰. 국내에 아이폰이 출시된지 만 6개월 만인 2010년 5월 말 아이폰 가입자가 70만 명을 돌파했다.

아이폰은 스마트폰 시장의 한 획을 그은 역사적인 명품의 하나다. 무엇보다 아이폰은 애플의 콘텐츠 거래 장터인 앱스토어 구축에 완벽히 성공하면서 콘텐츠 생태계를 완벽히 구현해낸 것으로 평가받는다. 앱스토어에서 거래되는 다양한 콘텐츠에 매료된 소비자들이 이를 사용하기 위해 애플 아이폰을 구매하는 선순환 비즈니스 모델 구축에 성공한 것이다.

사실 전체 휴대폰 시장에서 애플 아이폰이 차지하는 비중은 미미하다. 기껏해야 2~3%를 넘지 않는다. 하지만 애플 아이폰 영업이익률은 40%에 육박한다. 아이폰 100만 원 어치를 팔면 40만 원이 남는 구조다. 노키아, 삼성, LG 등 글로벌 1~3위 업체들이 상황이 좋을 때 10% 초반의 영업이익률을 기록하는 것과는 완전히 상반된다.

아이폰이 글로벌 휴대폰 시장에서 차지하는 영업이익 점유율은 30%에 달한다. 판매 점유율의 10배에 달하는 수치다. 낮은 점유율이 무색하게도 전체 휴대폰 시장 이익의 3분의 1을 쓸어가는 셈이다.

손민선 LG경제연구원 선임연구원은 "애플은 기기시장과 콘텐츠 시장 동시 공략이 강점이며 최근에는 콘텐츠시장 지배력이 기기 부문 수익성을 개선시키고 있다"며 "제조업 외에서도 안정적인 매출을 올리는 점이 영업이익률 상승에도 기여하고 있다"고 평가했다.

이는 애플 아이폰의 비즈니스 모델이 완벽히 성공했다는 의미를 가진다. 사실 아이폰이 처음 나왔을 당시만 하더라도 이 정도로 성공할 것이라고는 아무도 예상하지 못했다. 아이폰은 새롭게 태동하는 스마트폰 라인업의 하나일 뿐이었다. 하지만 기존 애플 마니아의 폭발적인 지지와 함께 앱스토어를 바탕으로 자체적으로 완결된 자체 콘텐츠 생태계를 구축하며 전 세계 기존 핸드폰 업체를 선도하

애플 아이폰은 세계 휴대폰 시장을 뒤흔든 역사적 제품으로 꼽히고 있다. 사진은 아이폰에 담긴 매일경제 어플리케이션.

는 모습을 보이고 있다.

애플의 성공에 자극받은 노키아가 애플 앱스토어를 흉내낸 '오비 스토어' 구축에 나서고 있다. 노키아가 최근 '단말기 제조업체에서 콘텐츠 서비스 공급 업체로의 변신'을 선언하며 콘텐츠 사업을 강화하는 것도 전부 애플의 뒤꽁무니를 따라가는 행동이다. 삼성전자, LG전자가 자체 앱스토어를 구축하고 콘텐츠 육성에 나서는 것도 애플의 비즈니스 모델을 모방한 것에 해당한다.

전문가들은 글로벌 휴대폰 시장은 애플 아이폰 '이전'과 '이후'로

나뉜다는 분석도 제기하고 있다. 애플이 모바일 산업에 본격적으로 '개방성'을 불어 넣었기 때문이다. 사실상 아이폰 이전에는 소비자들이 아무리 비싼 단말기를 구입하더라도 이동통신사가 제공하는 서비스 범위 내에서만 소프트웨어를 이용할 수 있었다. 아무리 소비자가 원하는 최신 서비스가 있더라도 이동통신사가 그러한 서비스를 제공하지 않는다면 소비자 입장에서는 이용할 수 있는 방법이 전혀 없었다.

하지만 애플이 앱스토어를 오픈하고 전 세계 개발자들이 자체적으로 개발한 소프트웨어를 자유롭게 업로드함에 따라 소비자들은 아이폰을 이용해 세계 각지의 창의적인 개발자가 만든 저렴한 소프트웨어를 마음껏 다운로드 받아 즐길 수 있게 됐다.

소비자들의 열광이 있었던 탓에 2008년 7월 앱스토어가 오픈한 이후 채 2년이 되지 않은 2010년 4월 현재 애플 앱스토어는 19만 개가 넘는 어플리케이션을 보유하고 30억 다운로드를 넘어서며 순항하고 있다.

하준두 신한금융투자 연구원은 "이미 시장을 선점한 아이폰의 강세가 상당기간 지속될 것으로 전망된다"며 "얼마나 다양하고 혁신적인 콘텐츠를 구축해 이를 유통시킬 수 있는지가 향후 후발 스마트폰 주자의 생사여부를 결정지을 것"이라고 분석했다.

특히 이동통신사의 폐쇄적인 정책 때문에 '갈라파고스'라 불리며 개방성에 취약했던 국내 스마트폰 환경도 아이폰 도입 이후 데이터 이용 요금이 내려가고 와이파이(Wi-Fi) 존이 확대되는 등 급속도로 변하고 있다.

스마트폰 운영체제(OS) 전쟁 벌어진다

애플 아이폰이 스마트폰 시장에서 독주 체제를 구축한 가운데 전 세계적으로 스마트폰 체제를 둘러싼 운영체제(OS) 싸움이 거세다.

2010년 스페인 바르셀로나에서 열린 세계 최대 통신전시회 모바일월드콩그레스(MWC) 2010에서도 가장 주목받은 것은 OS를 둘러싼 갈등이었다. 스티브 발머 마이크로소프트(MS) 최고경영자(CEO)는 MWC2010을 통해 MS의 새 운영체제(OS)를 소개했다. MS의 윈도폰7 시리즈를 소개한 것이다.

윈도폰7은 윈도모바일 운영체제가 2009년 점유율 12.5%에서 1년 만에 7.9%로 떨어진 상황을 만회하기 위해 내놓은 야심작이다. 윈도모바일이라는 기존 이름도 바꾸고 전략과 사용자 경험(UI)까지 확 바꿀 정도로 다급했다. 이날 발표 이후 IT 전문가들은 '제국 또는 공룡'에 비유돼 회생이 불가능할 것처럼 보였던 MS가 원

도폰7 시리즈로 인해 애플, 구글과 본격적으로 경쟁할 수 있게 됐다고 평가했다.

그만큼 스마트폰 OS는 회사의 운명을 바꿀 정도로 글로벌 모바일 전략의 핵심으로 부상하고 있다. 이처럼 글로벌 업체들이 OS 부문을 강화하고 나선 것은 우수 OS 확보 없이는 생존할 수 없다는 위기의식이 발동했기 때문으로 분석된다.

특히 글로벌 휴대폰 1위 노키아가 심비안 OS 경쟁력 하락으로 주춤하자 시장점유율이 급락하고 강력한 운영체제를 내세운 애플과 구글이 양강체제를 구축하는 것이 자극이 되고 있다.

최근 스마트폰 시장에서는 애플 아이폰 OS가 앱스토어 기반 콘텐츠 경쟁력을 바탕으로 시장을 잠식하고 있으며 구글의 안드로이드 OS가 빠르게 성장하며 영향력을 확대하는 상황이다. 애플은 운영체제(아이폰OS)와 아이폰, 아이튠스, 앱스토어라는 단일한 전략으로 시장을 빠르게 잠식하고 있다. 최근 스티브 잡스가 "모바일 1위 기업"이라고 선언할 정도다.

구글은 운영체제 안드로이드가 빠르게 확산되자 자체 스마트폰 '넥서스원'까지 내놓고 지배력을 넓히고 있다. 애플이 앞서고 구글이 쫓아간 변화가 결국 노키아, MS, 인텔, 삼성전자, LG전자 등 기존 휴대폰 업체까지 움직이게 한 것이다.

하준두 신한금융투자 연구원은 "경쟁력 있는 OS의 확보는 콘텐츠가 주도하는 모바일 생태계 전반을 아우르는 것을 의미한다"
고 분석했다. MS와 노키아, 삼성에 애플과 구글의 독주를 막아야
한다는 공감대가 형성됐다는 얘기다.

이에 뒤질세라 삼성전자는 자체 OS 바다(bada)를 탑재한 첫 스
마트폰 '웨이브'를 내놓으며 시동을 걸었다. 삼성 어플리케이션 스
토어인 '삼성 앱스'를 비롯한 다양한 모바일 에코 시스템을 공개
했다.

노키아와 인텔은 OS 경쟁력 확보를 위해 손을 잡고 리눅스 기
반 오픈소스 OS '미고(MeeGo)'를 선보인 상태다. 이 과정에서 애
플과 구글의 기존 장점을 적극 벤치마킹하며 시장 생존 가능성을
높이는 것도 주목할 부분이다.

2010년 하반기 미고를 탑재한 첫 번째 스마트폰이 나올 예정이
다. 구글 안드로이드와 같이 오픈소스 기반으로 다양한 기업이 모
바일 생태계에 참여할 수 있도록 했다. 노키아와 인텔은 미고를 스
마트폰은 물론 PC, 넷북, 태블릿, 차량용 정보 시스템 등 다양한
디바이스에 탑재할 계획이다.

MS가 공개한 윈도폰7은 '스마트한 디자인'과 '통합된 경험'을 핵
심 강점으로 내세웠다. 기존 윈도모바일 시리즈가 PC와 유사한
사용자 환경(UI) 때문에 휴대폰에서 사용하기 어렵다는 불만을 최
대한 반영한 것이다. 콘텐츠 분야를 대폭 개선하려는 시도를 곳곳

에서 벌였다. 또 윈도폰7을 탑재한 모든 스마트폰에 MS의 검색엔진 빙(Bing)을 실시간 연결하도록 했다. 사용자가 아이폰 '사파리'나 안드로이드폰 '구글서치(검색)'를 손쉽게 이용할 수 있는 것을 모방한 것이다. MS 멀티미디어 서비스인 '준(JUNE)' 서비스를 제공하며 콘텐츠 부문 경쟁력을 대폭 강화한 것도 주목할 부분이다.

하지만 기존 구글 안드로이드와 애플의 반격도 만만치 않을 것으로 분석된다. 실제 MWC 2010에 참가한 삼성, 소니에릭슨, 모토롤라, 델, 아수스, HTC 등의 글로벌 업체들은 잇달아 안드로이드 OS를 탑재한 최신 휴대폰을 출시하고 나선 상태다.

삼성전자가 자체 OS '바다' 만든 이유는?

삼성전자는 2009년 말 자체 스마트폰 운영체제(OS)를 '바다(bada)'를 내놓았다. 2010년 바르셀로나에서 열린 모바일월드콩그레스(MWC) 2010에서는 바다 OS를 탑재한 스마트폰 '웨이브(wave)'를 내놓기도 했다. 삼성의 스마트폰 OS 정책은 기본적으로 멀티 OS전략을 표방한다. 고객사가 원하면 윈도모바일, 안드로이드, 심비안 등 OS를 가리지 않고 탑재하겠다는 것이다.

그런 삼성전자가 왜 바다 OS를 만들었을까. 해답을 듣기 위해 경기도 팔달구에 위치한 삼성전자 미디어솔루션센터(MSC)를 방문했다. 미디어솔루션센터는 삼성전자의 미래 먹거리인 콘텐츠 사업을 총괄하는 부서로 향후 회사 성장의 핵심 동력 역할을 하는 곳이다.

"삼성전자는 세계 최고의 종합가전회사 입니다. 콘텐츠가 구동될 수 있는 디바이스가 다른 회사에 비해 많다는 뜻이지요. 이를 활용하면 경쟁사를 크게 따돌릴 수 있는 최고의 소프트웨어 업체가 될 수 있습니다." 삼성전자 미디어솔루션센터(MSC)를 이끌고 있는 이호수 부사장(센터장)의 말이다.

이곳은 삼성전자의 스마트폰 전략과도 밀접한 관계가 있다. 미디어솔루션센터는 단기 목표로 삼성전자의 스마트폰 경쟁력을 끌어올리는 것을 1차 목표로 하고 있다. 스마트폰과 콘텐츠는 뗄래야 뗄 수 없는 동전의 양면 같은 존재이기 때문이다.

사실 삼성전자의 콘텐츠 육성 정책은 경쟁사에 비해 다소 늦은 것으로 평가된다. 애플의 아이폰이 이미 화려한 콘텐츠로 시장을 장악한 이후에 본격적인 움직임이 있었기 때문이다. 미리부터 급변하는 시장에 대응하지 못한 것이 아쉬움으로 남는다는 얘기다. 하지만 삼성전자는 종합가전 회사를 보유한 회사의 강점을 살려 후발주자의 불리함을 너끈히 극복할 수 있을 것으로 확신하고 있다.

삼성전자는 TV, PC, 휴대폰, 냉장고, 에어콘 등 삼성이 보유한 모든 제품에 동일하게 돌아갈 수 있는 콘텐츠 개발에 힘쓰고 있다. 이를 통해 단말기 판매를 끌어올릴 수 있다는 것이다. 예를 들어 명절에 대형 LED TV에 고스톱 바닥패가 깔려있고 3명의 참여자가 휴대폰을 이용해 고스톱 패를 들고 있는 것처럼 게임할 수 있다는 것이다. 혹은 거실에서 TV를 보다가 방으로 돌아오면 컴퓨터 화면을 통해 화면이 그대로 재생되고 외부에 일이 있어 밖으로 나가면 휴대폰으로 화면이 끊김없이 재생되는 것이다.

이처럼 여러 기기 간 막힘없이 콘텐츠가 유통될 수 있는 크로스 디바이스 전략이 삼성전자가 바라보는 미래 콘텐츠 전략이다. 그리고 공통된 콘텐츠를 작동하게 하는 운영체제(OS)로 '바다(bada)'를 내놓은 것이다. 삼성이 제공하는 콘텐츠에 중독된 사람이 삼성 TV, PC 등 삼성 디바이스를 구매하도록 연결하겠다는 것이다.

스마트폰도 마찬가지다. 여기에 바다 OS를 채택해 삼성만의 콘텐츠 제국을 건설하겠다는 의미다. 요컨대 삼성이 스마트폰 OS '바다'를 내놓은 것은 스마트폰에 국한된 것이 아닌 삼성 종합 가전 라인업을 전부 아우르는 의미에서 해석을 해야 한다.

휴대폰 업체인 노키아는 PC시장에 진출하고 PC업체인 델은 스마트폰 시장에 진출하는 등 여러 기기 간 분명한 경계가 사라지는 시대가 이미 도래했다. 하지만 삼성전자는 PC와 휴대폰은 물

삼성전자가 자체개발한 OS '바다'를 탑재한 웨이브.

론 TV등 여러 가지 제품에서 최고 수준의 경쟁력을 이미 보유하고 있으므로 이를 최대한 활용해 콘텐츠가 구동될 수 있는 범위의 경제 효과를 활용하겠다는 의미로 풀이된다.

삼성전자는 이로 인해 아직 열세에 있는 스마트폰 판매도 비약적으로 증가할 수 있을 것으로 보고 있다.

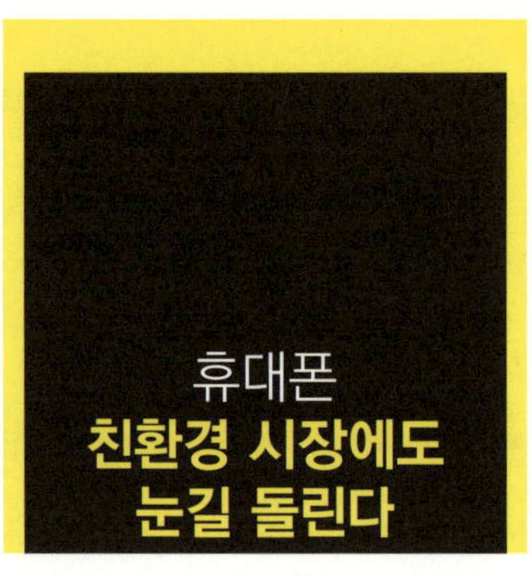

‘단순히 기능만 뛰어난 휴대폰은 가라. 휴대폰도 이젠 친환경이다.’

삼성전자가 세계 시장에 이어 2010년 초 국내에도 출시한 휴대폰 ‘블루어스’는 최근 휴대폰 업계가 친환경 시장에 쏟는 관심을 알려준다, 이 제품으로 휴대폰 뒷면에 태양광 패널을 장착해 언제 어디서나 햇볕만 있으면 충전이 가능하도록 했다. 태양광 휴대폰인 셈이다.

한 번의 클릭으로 휴대폰 밝기 등을 절약 모드로 변경해주는 ‘에

코모드'를 장착했다. 사용자의 걸음수를 측정해 화석 연료가 소비
되는 교통수단을 이용한 것에 비해 이산화탄소를 얼마나 절감했는
지 계산하고 이것이 몇 그루의 나무를 심는 효과인지를 알려주는 '
에코워크' 등 친환경 사용자환경(UI)도 탑재했다.

블루어스는 재활용 소재를 활용한 것으로도 유명하다. 외관 케
이스로 생수통에서 추출한 재활용 플라스틱 소재를 사용했고 패
키지에 사용된 종이에도 표백제, 접착제, 코팅 등을 사용하지 않아
재활용이 용이하게 했다. 삼성전자는 2009년 8월에도 미국 시장에
옥수수에서 추출한 바이오 플라스틱 소재로 배터리 케이스 부분을
만든 '리클레임'을 출시한 바 있다.

LG전자도 2009년 태양광 충전 휴대폰인 '에코 프렌드리'를 공개했
다. '에코 프렌드리'는 제품 케이스의 겉면에 비닐 코팅을 하지 않아
재활용이 용이하고 포장 박스 크기를 줄여 불필요한 낭비요소를 줄
였다. 또 사용설명서도 콩기름 잉크와 재생용지를 사용했다. 2009
년 10월에는 3인치 풀터치폰인 '팝'을 영국 등 유럽 내 15개 국가에
선보이며 별도의 태양광 충전 배터리를 장착할 경우 태양광 휴대폰
으로 활용 가능하도록 했다.

삼성전자와 LG전자의 이런 노력은 최근 휴대폰 업계가 친환경 이
미지를 심는 데 얼마나 노력하고 있는지를 보여준다.

이런 움직임은 글로벌 휴대폰 시장 1위 노키아에게도 마찬가지

다. 노키아는 '친환경 휴대폰'을 향후 회사의 핵심 전략으로 채택하고 적극 육성하고 있다. 이메일, 화질, 터치 등 기능을 놓고 경쟁하는 휴대폰 산업의 패러다임이 조만간 '그린이슈'로 전환될 수 있다는 것이 노키아의 분석이다. 산업 전반적으로 친환경 열풍이 휘몰아치는 가운데 휴대폰이라고 예외가 아니라는 것이다.

키르시 소르무넨 노키아 지속가능부문 부사장은 "노키아는 휴대폰 제조 시 유해물질을 사용하지 않는 것에서 폐 휴대폰을 회수하는 작업까지 친환경 정책을 유지하고 있다"고 말했다.

노키아는 궁극적으로 휴대폰을 사용하는 모든 소비자를 친환경 활동에 참여시키는 것이 목표다. 즉 노키아 휴대폰을 사용하는 소비자에게 친환경 이슈를 지속적으로 전달시킴으로써 노키아가 공익활동의 주체로 활동하겠다는 것이다. 이를 통해 각인된 노키아의 친환경 이미지는 추후 휴대폰을 재구매하는 소비자가 '이유는 모르지만 노키아가 끌려' 노키아 휴대폰에 손이 가는 강력한 마케팅 수단으로 자리할 수 있으리란 분석이다.

소비자의 '영혼'에 호소하는 강력한 브랜드 구축 효과를 노리는 셈이다.

매출액 1조 원을 넘는 세계 5위 검색사업자 네이버와 만년 2위의 설움을 떨치고 재기를 노리는 다음커뮤니케이션이 궁극적으로 경쟁할 공간은 바로 모바일 인터넷이다.

이전에도 두 업체들은 모바일 포털 전략을 간간히 보여주었지만 한국의 폐쇄적인 모바일 인터넷 인프라로 인해 모바일 사업 진출이 더뎠다. 간만 보던 두 업체들이 모바일에 도전장을 내던진 것은 2009년 말 모바일 해빙기가 도래했기 때문.

아이폰의 출시와 함께 이동통신사들도 개방화의 대열에 동참했으며 이제 네이버와 다음도 네이트나 매직앤, 이지i와 같은 이통사 중심의 모바일 서비스를 염두에 두지 않고 서비스를 운영할 수 있는 여건이 생겨났다.

앞서 소개한 대로 다음과 네이버는 모두 한국의 초고속 인터넷 발달과 함께 성장해온 업체들이다. 이 두 기업은 초고속 인터넷에 대한 DNA는 충만하지만 반대로 모바일 인터넷에 대한 본격적인 스터디를 한 지는 불과 3년이 채 되지 않는다. 결국 이 둘에게 가장 절실한 것은 유선 DNA를 품고 있는 구성원들에게 모바일 DNA를 이식시키는 것이다.

두 회사 모두 모바일 분야에서는 기존의 기득권을 모두 포기한 채 새로운 도전을 해야 하는 상황이다. 막강한 가입자 기반도 모바일 환경에서는 아무 의미가 없는 상황이다. 단 한 명의 개발자가 만든 어플리케이션과 동일한 경쟁을 벌여야 한다는 것을 이 회사들이 어떻게 받아들일지는 아직 미지수다. 두 회사 모두 모바일 DNA를 이식하기 위해 다양한 시도를 하고 있으며 특히 NHN은 윙버스, 미투데이 등 모바일에서 출발한 벤처기업들을 인수하는 등 발 빠른 행보를 보이고 있다.

다음의 모바일 홈페이지는 뉴스와 아고라, 메일, 카페, 블로그, 캘린더 등 훨씬 다양한 서비스가 존재하지만 앱 형태로 제공되는 서비스는 다음 지도와 동영상 서비스인 tv팟, 블로그서비스인 티스토리가 고작이다. 다음의 모바일 사업전략을 담당하고 있는 김지현 본부장은 현재 나온 서비스의 수가 중요한 것은 아니라고 강조한다.

"사용자들이 자주, 많이, 오래 사용할 만한 핵심 킬러앱을 높은 퀄리티로 만들자라는 것이 다음의 스마트폰 앱에 대한 전략입니다. 1만 명이 쓰는 어플리케이션 10개보다는 10만 명이 쓰는 어플리케이션 한 개를 제대로 만들자는 것이 다음의 앱 전략입니다. 그런 면에서 어플리케이션 수를 많이 늘리기 보다는 제대로 된 어플리케이션을 중심으로 지속적으로 고도화하는 것이 다음이 추구하는 전략입니다."

다음의 이러한 전략은 다음의 모바일 철학에 고스란히 녹아들어 있다. 다음의 모바일 기본 철학은 PC에서 보는 것과는 다른 서비스를 사용자에게 제공하자는 것이다. 기존 유선 기반의 월드와이드웹(www)과 스마트폰 서비스는 기술적인 특성은 물론 서비스의 사용형태, 이용하는 단말기가 모두 다르다. 특히 GPS와 카메라, 마이크, 스피커 등을 탑재한 스마트폰만의 기술적인 특성을 고려하면 더욱 풍부한 서비스를 제공할 수 있다는 것이 다음의 기본 생각이다.

다음은 현재 다양한 모바일 플랫폼이 1~2년 내에 2~3가지 정도로 압축될 것으로 전망하고 있다. 이를 위해 미래 주력 플랫폼이 무엇이 될 지를 스터디하는 것이 현재 중요한 문제라는 것이다.

김지현 본부장은 "플랫폼이 다양하다는 것이 CP에게는 고민일지 모르나, 다음은 그간 다양한 플랫폼에 대한 개발 경험을 축적해두고 있어 오히려 기회라 생각한다"고 강조했다.

다음은 모바일에서 새로운 게임의 법칙이 생겨날 것으로 기대하고 있다. 모바일 플랫폼에 대한 시장 선점도 어느 정도 성공했으며 중장기적으로 또는 단기적으로 전략 서비스를 마련해 운영해 나간다면 새로운 기회가 생겨날 것이라는 것이다.

모바일이라는 새로운 플랫폼을 만나 다음은 과거 웹서비스에서 보여주었던 느린 모습을 탈피해 훨씬 빨라지고 있다는 평가다. 포털 업계 중에서는 가장 먼저 직원들에게 스마트폰을 지급하며 직원들에게 모바일 DNA를 심어주는 데 주력하고 있다.

커뮤니케이션과 엔터테인먼트, 개인화된 검색 서비스 등을 모바일 서비스의 핵심 서비스로 보고 있으며 결국 다음의 모바일 행보 역시 이 같은 축에서 움직일 것으로 전망된다.

다음은 커뮤니케이션에서는 e메일과 카페를 보유하고 있으며 엔터테인먼트 분야에서는 동영상 서비스인 tv팟을 제공하고 있다. 모바일 검색 분야는 아직 다음의 약점이지만 이 분야는 구글을 포함한 어느 누구도 이용자들을 만족시키는 결과를 내놓고 있지 못한 상태다. 다음은 여기에 위치기반 서비스가 녹아든 지도 서비스를 통해 모바일 검색 분야에 강점을 보유할 수 있을 것으로 기대하고 있다. 증강현실과 맞물린 다음의 지도서비스가 낼 수 있는 파괴력

네이버의 모바일 어플리케이션.

은 무궁무진할 것이라는 것이 IT업계의 일반적인 관측이다. 문제는 다음이 얼마만큼 속도를 내느냐이다.

네이버는 블로그와 카페 서비스를 성공적으로 마무리한 이람 이사가 모바일 분야의 총책임자이다. 이람 이사는 2009년을 모바일 해빙기로 규정하면서 스마트폰이 비즈니스맨의 도구가 아닌 엣지 있는 일반 유저들의 머스트해브(Must have)가 되고 있다고 보았다. 이미 네이버는 지도, 만화, 블로그, 시계, 주소록, 미투데이, 맛집 등 10여 종의 앱을 선보이며 발 빠른 모습을 보이고 있다.

"모바일 기기의 본질이라는 게 사실 개인이 늘 쥐고 다니면서 '준신체화 된' 도구이자 커뮤니케이션 끈을 놓치지 않기 위함입니다. 개인화된 웹, 개인의 정보를 관리하고 개인의 삶을 온라인과 오프라인 삶을 연결해주는 PWE라는 개인화 웹을 강화하겠다는 말씀을 2010년 초에 드렸습니다. 스마트폰은 커뮤니케이션 도구이기 때문에 즉 자신의 네트워크와 밀접하기 때문에 인포테인먼트 서비스, 로케이션 서비스를 강화하겠다 말씀드렸고, 모바일 웹과 스마트폰으로 출시했습니다. 2010년 모습은 조금 다르게 전개해나가려고 합니다. 이제부터는 이것을 다 '검색'으로 수렴시키는 노력을 하려고 하고 있습니다. 개인화 웹 서비스를 모바일에서 검색하면 개인자산 검색이 가능하고, SNS를 사용하던 이용자들의 패턴이 소셜 검색, 실시간 검색으로 연결되는 모습으로 수렴해서 끌어가려고 합니다."

네이버는 2009년 초반에 개인화된 웹환경 구축과 위치기반서비스를 중심으로 한 로케이션 서비스, 소셜네트워크 서비스, 인포테인먼트 서비스를 핵심 축으로 내세웠다. 2010년에는 이를 검색으로 수렴한다는 큰 그림을 그리고 있다. 네이버의 본질이 검색에 있다는 사실을 놓치지 않는 대목이다.

문제는 이곳에서 사업모델을 창출하는 것이다. 모바일 광고시장은 분명 크게 성장하는 추세이긴 하지만 아직은 큰돈이 되지 않는 시장이다. NHN은 이 분야에서 새로운 사업모델을 발굴해 낸다면 분명 새로운 사업기회가 열릴 것으로 전망하고 있다.

NHN은 이를 위해 이현규 센터장을 중심으로 120명 정도의 인력이 배치된 모바일 센터를 운영하고 있다. 2010년 2월 스페인에서 열린 모바일 월드 콩그레스(MWC)에는 김상헌 사장을 비롯해 모바일 센터 직원 20여 명 정도가 직접 참관을 하며 글로벌모바일 서비스 동향을 분석하기도 했다.

네이버는 모바일 서비스와 웹서비스를 거의 동시에 오픈하는 것을 목표로, 즉 모든 서비스의 모바일화를 목표로 회사가 움직이고 있다. 문제는 네이버가 모바일 시장에서는 이전까지와 전혀 다른 경쟁을 해야 한다는 것이다. 아이폰과 안드로이드 휴대폰에는 기본 검색으로 구글이 깔려 있고 초기 구매자들은 네이버의 모바일 서비스가 본격화되기 전부터 구글의 모바일 서비스에 익숙해져있는 상황이다. 바야흐로 글로벌 사업자들과 본격적인 경쟁을 펼쳐야만 하는 시대가 온 것이다.

구글은 안드로이드 플랫폼을 만들어서 OS레벨부터 단말에 검색엔진을 탑재하는 시대다. 네이버는 도저히 엄두를 낼 수 없는 전략이다. 이러한 도전 과제를 극복하기 위해 네이버가 선택할 수 있는 길은 서비스를 보다 잘 만드는 것 말고는 없다는 것이 최대의 숙제다.

모바일 세상을 삼키다

초판 1쇄 2010년 5월 31일

지은이 유진평, 손재권, 이승훈, 최광, 홍장원
펴낸이 김석규 **담당PD** 권병규 **펴낸곳** 매경출판㈜
등 록 2003년 4월 24일(No. 2-3759)
주 소 우)100-728 서울 중구 필동1가 30번지 매경미디어센터 9층
전 화 02)2000-2610(출판팀) 02)2000-2636(영업팀)
팩 스 02)2000-2609 **이메일** publish@mk.co.kr
인쇄·제본 ㈜M-print 031)8071-0961

ISBN 978-89-7442-670-5
값 10,000원

*이 책은 삼성언론재단의 지원을 받아 저술되었습니다.